지금, 플릭스버스로 떠나는

발트 3국+폴란드
자유 여행

지 금 , 플 릭 스 버 스 로 떠 나 는

발트 3국 + 폴란드
자유 여행

글·사진 **박승우**

여행을 시작하기 전에

이제 해외 여행은 누구나 즐기는 취미이자 여가 생활로 자리 잡았지만, 아직 많은 사람이 패키지 여행을 선호하는 것이 현실이다. 여행을 준비하는 어렵고도 귀찮은 과정이 필요 없기에 빡빡한 일정과 비싼 옵션, 강제적인 쇼핑을 감수하면서 패키지 여행을 선택한다. 그런데 패키지 여행을 선택한 사람들도 자유로운 일정으로 다닐 수 있고, 현지의 맛을 경험할 수 있는 자유 여행을 부러워하는 걸 자주 보았다. 그래서 이 책을 통해 30여 개국을 다니며 축적한 자유 여행 노하우와 자유 여행을 쉽게 떠날 수 있는 용기를 전달하고자 한다.

요즘 유행하는 대표적인 유럽 여행 상품 중 하나인 '7박 9일 동유럽 4개국 일주' 같은 패키지 여행을 살펴보자. 새벽부터 대부분의 시간을 버스 이동과 쇼핑으로 허비하고, 정작 목적지에서는 30분에서 1시간 정도밖에 머무르지 못하거나, 심한 경우 차창 관람만으로 지나가기도 한다. 어디를 어떤 코스로 다녀왔는지 기억하지 못할

정도로 바쁜 일정이다. 하지만 여행지를 제대로 보려면 최소한 2주에서 3주 정도 일정으로 여행하면서 한 곳에서 최소한 1박 내지는 2박 이상은 머물러야만 한다. 그곳의 역사, 문화를 어느 정도 느낄 수 있고 다양한 현지 음식을 경험해 볼 수 있는 시간이 필요하기 때문이다. 그래야 여행에서 돌아와서도 기억에 생생히 남는다.

이 책은 발트 3국으로 불리는 북유럽의 에스토니아, 라트비아, 리투아니아를 소개하는 한편으로 발트해 건너편이자 북유럽의 관문인 핀란드 헬싱키와 스웨덴 스톡홀름 시내를 짧게나마 돌아볼 수 있는 2박 3일짜리 크루즈 페리 여행 및 폴란드까지 소개하는 가이드북이다. 필자는 에스토니아의 수도 탈린부터 폴란드의 옛 수도 크라쿠프까지의 여정을 유럽 최대 장거리 국제버스 노선을 운행하는 플릭스버스(FLIXBUS)를 타고 다녔다. 직접 현장을 체험한 기록이기에, 누구든지 찬찬히 읽고 따라서 여행을 해볼 수 있다.

렌트카를 이용하지 않고 굳이 플릭스버스를 이용한 데는 이유가 있다. 렌트카를 이용한다면 대부분의 유럽 호텔은 주차 여건이 좋지 않아 주차장을 별도로 찾아야 하는 번거로움이 있다. 반면 플릭스버스를 이용하면 무엇보다 운전할 때의 긴장감과 피로가 쌓이지 않고, 승용차나 SUV의 낮은 시야에서 보이는 경치와 대형버스의 높고 넓은 통창을 통해 보이는 경치의 스케일이 확연히 다르고, 만일의 사고에 대한 염려 및 차량 반납 장소 등에 신경을 쓸 필요 없이 편안한 여행을 즐길 수 있다.

발트 3국과 폴란드는 코로나19 이후 엄청나게 물가가 오른 서유럽에 비해 비교적 물가가 저렴한 편이다. 또 도시마다 구시가지가 유네스코 문화유산으로 지정돼 볼거리가 많고, 비슷한 듯하면서도 다른 건축양식과 종교, 문화 등으로 지루함을 느낄 새 없다. 도시를 이동할 때마다 만나는 새로운 풍경에 경이로움을 느끼게 된다. 각 나라와 도시에 대한 간단한 역사, 문화유산의 유래나 특징 등을 간략히 소개해 놓았으므로 미리 읽어보고 방문한다면 큰 도움이 될 것이다. 도심을 누비는 노면 전차나 트롤리 버스를 타고 문화유산과 노천카페, 로컬 식당을 찾다 보면 여유로운 자유 여행의 낭만을 즐길 수 있다.

이 책에서 소개하는 일정은 대략 다음과 같다. 스타얼라이언스 멤버인 LOT폴란드 항공으로 인천공항에서 출발해 발트 3국을 둘러보고, 이스탄불을 경유해 아시아나

항공으로 인천공항으로 귀국하는 일정으로 책의 순서를 편집했다. 독자분들의 상황에 따라 핀란드의 핀에어, 스칸디나비아의 SAS항공, 독일의 루프트한자 등 다른 항공편을 이용해 일정을 조정하는 것도 좋겠다.

도시별로 머무는 일정은 각자의 시간과 형편에 맞게 줄이거나 늘리면 된다. 다만 버스 이동 시간과 피로도를 감안해 각 도시에서 최소 2박, 볼거리에 따라 3박 이상 머물기를 추천한다. 전체 여행 일정은 최소 3주에서 한 달을 추천한다. 10일 안팎의 일정을 짜야 한다면 몇 곳을 빼고 조정하거나 발트 3국과 폴란드를 별도로 나누어 따로 여행해도 좋을 것이다.

대부분의 여행 안내서는 맛집과 호텔을 소개하는 데 많은 부분을 할애한다. 하지만 요즘은 구글맵과 각종 예약 사이트를 검색해 리뷰와 정보를 보고 선택하는 것이 훨씬 효율적이다. 따라서 이 책에서는 일반적인 맛집과 호텔 소개는 과감히 배제하고 방문지의 역사, 문화 등에 더 분량을 할애했음을 양해해 주기 부탁드린다. 책에서 소개한 몇 군데의 숙소와 식당 등은 여행 당시의 상황에 맞춰 예약한 곳을 소개한 것이므로 참고만 하고, 각자의 예산과 취향에 맞추기를 권한다.

2026년 2월 박 승 우

contents

Helsinki

Riga

Vilnius

폴란드

Zakopane

Kraków

Travel Course
Transportation
Accommodation
Travel Stuff

여행 준비

Travel Course

여행 코스

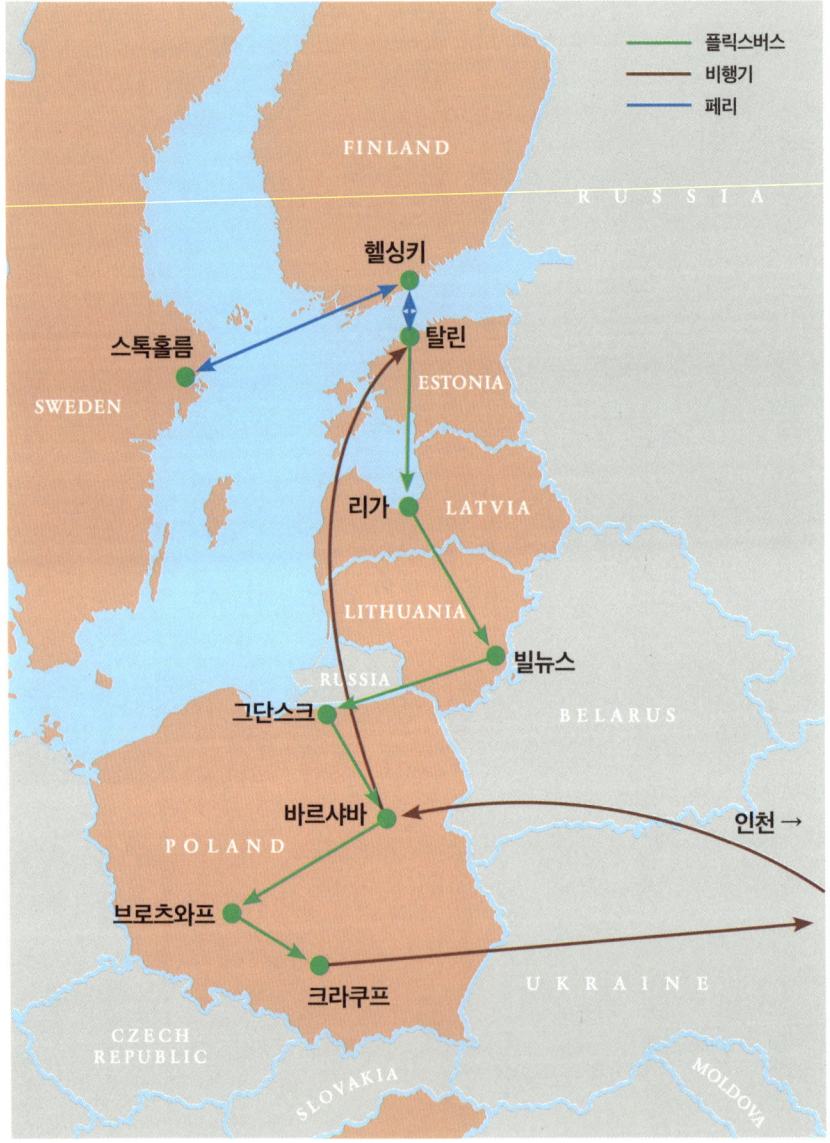

플릭스버스
비행기
페리

FINLAND

RUSSIA

헬싱키

스톡홀름

탈린

SWEDEN

ESTONIA

리가

LATVIA

LITHUANIA

빌뉴스

RUSSIA

그단스크

BELARUS

바르샤바

인천 →

POLAND

브로츠와프

크라쿠프

UKRAINE

CZECH
REPUBLIC

SLOVAKIA

MOLDOVA

*페리, 크루즈, 플릭스버스 운임은 1인 기준입니다.

출발	교통편 / 정보	환승	도착
인천	폴란드항공LO1098	환승	폴란드 바르샤바
바르샤바	폴란드항공LO789	2시간 40분 소요	에스토니아 탈린
탈린	Eckero Line Finlandia / 29€	2시간 45분 소요	핀란드 헬싱키
헬싱키	Viking Line Gabriella / 현장 발권 329€ /크루즈 2박		스웨덴 스톡홀름
스톡홀름	Viking Line Gabriella	17시간 소요	헬싱키
헬싱키	Viking Line XPRS / 22.5€	2시간 30분 소요	탈린
탈린	FLIXBUS 1205 / 11€	5시간 5분 소요	라트비아 리가
리가	FLIXBUS 1234A / 11€	4시간 35분 소요	리투아니아 빌뉴스
빌뉴스	FLIXBUS N1387 / 34.5€	9시간 5분 소요	폴란드 그단스크
그단스크	FLIXBUS 1200 / 13€	4시간 50분 소요	바르샤바
바르샤바	FLIXBUS 1302A / 33€	5시간 15분 소요	폴란드 브로츠와프
브로츠와프	FLIXBUS N1376 / 3시간 40분 소요	크라쿠프 (환승) / FLIXBUS 1261 / 2시간 30분 소요/22€	폴란드 자코파네
자코파네	FLIXBUS 1392 / 7.5€	2시간 소요	폴란드 크라쿠프
크라쿠프	폴란드항공LO139	환승/3시간 30분 소요	터키 이스탄불
이스탄불	아시아나OZ552		인천

이번 여행은 인천공항에서 출발해 바르샤바 프레드릭 쇼팽 공항에서 환승하고 에스토니아 탈린에 도착한 후 장거리 비행의 피로 회복과 시차 적응을 위해 2~3일간 머물며 탈린 구시가지 등을 돌아보았다.

다음 날 페리로 헬싱키로 건너가 바로 스톡홀름행 2박 3일 크루즈를 타고 스톡홀름 시내 한나절 관광 후 다시 헬싱키로 돌아와 헬싱키에서 1박을 머물렀다. 다음 날 페리를 이용해 탈린 도착 후 부두 앞 버스터미널에서 출발하는 라트비아의 수도 리가행 플릭스버스를 타고 본격적인 발트 3국과 폴란드 여행을 시작했다.

리가를 거쳐 리투아니아의 수도 빌뉴스를 돌아보고 폴란드 최북단 그단스크로 이동해 지그재그로 남하하며 폴란드의 수도이자 쇼팽의 도시 바르샤바, 난쟁이 동상의 도시 브로츠와프, 폴란드의 알프스 자코파네를 거쳐 쉰들러 팩토리와 비엘리치카 소금광산, 아우슈비츠-비르케나우 박물관 등 많은 역사 유산이 남아 있는 크라쿠프에서 여행을 마무리했다. 비록 짧은 기간의 여행이지만 일반 여행사의 패키지 여행과는 비교할 수 없는 알찬 여행이었다.

발트 3국의 도시 간 연결 도로는 대부분 왕복 2차선이기 때문에 플릭스버스로는 5~6시간이 걸리고 이동 루트 중 가장 거리가 먼 리투아니아의 빌뉴스에서 폴란드의 그단스크까지는 9시간이나 걸렸다. 하지만 끝없이 이어지는 지평선과 드넓게 펼쳐진 푸른 초원, 줄지어 서 있는 하얀 지작나무 숲 등 한국에서는 볼 수 없는 경이로운 풍경이 버스 여행의 지루함을 한결 덜어준다. 또한 2시간에 1번씩 터미널이나 휴게소에 정차하고 깨끗한 화장실이 차내에 있어 큰 불편함이 없었다.

2 Transportation

교통편 예약

항공편 예약

출국 항공편
08:15 LOT폴란드항공(LO1098) 인천 출발 → 14:05 바르샤바 도착/21:15 LOT폴란드항공(LO789) 바르샤바 출발 → 23:55 탈린 도착

귀국 항공편
07:00 LOT폴란드항공(LO139) 크라쿠프 출발 → 10:30 이스탄불 도착/17:30 아시아나항공(OZ552) 이스탄불 출발 → 09:20(+1) 인천 도착

★ 이번 여행의 경우, 아시아나항공 마일리지를 사용하기 위해 스타얼라이언스 항공사 중 유류할증료가 붙지 않는 항공사인 LOT폴란드항공을 이용했다.

항공권을 구매할 때는 요일별로 출발 시간이 다르고 탈린 연결편 시간이 다르니 구글플라이트나 스카이스캐너에서 인천-탈린 항공편을 검색해 자신의 일정과 예산에 맞는 항공편을 찾아보자. LOT폴란드항공은 바르샤바 직항이라 편리하고 기체도 B787이라 쾌적하고 기내서비스도 괜찮은 편이다. 핀에어, SAS항공, KLM항공, 루프트한자항공 등 북유럽 항공사를 1회 경유 조건으로 검색해서 가성비 좋고 편리한 항공편을 이용하면 좋겠다.

플릭스버스FLIXBUS 예약

플릭스버스는 유럽 대부분의 도시를 연결하며 요금이 비교적 저렴하고, 운행 차량 대부분이 벤츠의 대형버스라 화장실 등 시설도 깔끔한 편이다. 요금은 우리나라 일반형 고속버스, 시외버스 요금과 거의 비슷한 수준이다.

유럽의 다양한 교통편을 예약해 주는 앱은 omio를 비롯해 여럿 있지만 버스만 이용할 경우에는 FLIXBUS 앱을 다운받아 예약하면 저렴하고 더 편리하다. 출발지와 도착지와 이용 날짜를 입력하면 운행 시간별로 빈 좌석이 나오므로 원하는 시간에 예약하고 카드로 결제하면 QR코드가 찍힌 티켓과 좌석 번호가 My ticket에 표시된다. 탑승할 때 운전기사에게 QR코드를 보여주면 스캔해서 확인하기 때문에 매우 편리하다.

전 일정 버스 티켓을 모두 예약하고 FLIXBUS 앱의 My ticket을 클릭하면 모든 티켓이 날짜순으로 표시되고 출발 터미널과 도착 터미널의 주소도 확인할 수 있다. 구글맵에 저장해 두면 터미널 주변의 가까운 호텔도 쉽게 검색할 수 있다. 탑승일에는 탑승 플랫폼 번호도 표시되고 지연되는 경우에도 새로운 메시지가 뜬다.

바이킹 라인 Viking Line 또는 에케로 라인 Eckero Line 페리 예약

현재 발트해에는 바이킹 라인을 비롯해 몇
개의 선사가 운항하고 있으나 가장 대중적
인 선사는 바이킹 라인과 에케로 라인이다.
페리도 각 선사의 홈페이지나 앱에서 직접
예약하면 저렴하고 문제 발생 시 바로 처리
할 수 있어서 편리하며 예약 방법은 플릭스
버스 예약 방법과 비슷하다.

탈린항에서는 두 선사가 같은 터미널을 사
용하고 있는 반면 헬싱키는 선사마다 전용 부두가 다르고 멀리 떨어져 있다. 탈린에서 헬싱
키로 갈 때도 스톡홀름행 크루즈를 운항하는 바이킹 라인을 이용하면 헬싱키 터미널에서
이동할 필요가 없다. 하지만 바이킹 라인 페리는 이른 아침 7시에 출항해서 9시 30분에 헬
싱키에 도착하므로 호텔에서 새벽에 나와야 하고 오후 5시에 출항하는 스톡홀름행 크루즈
를 환승할 때까지 시간이 애매하다.

탈린에서 정오에 출발하는 에케로 라인을 이용하면 호텔에서 조식을 마치고 여유 있게 출
발할 수 있다. 14시 30분 헬싱키 에케로 라인 터미널에 도착하면 시간상으로는 적절하지
만 스톡홀름행 바이킹 라인 부두까지는 트램을 2번 갈아타거나 택시로 20분 이상 걸릴 정
도로 꽤 떨어져 있기 때문에 불편함을 감수해야 한다.

아니면 일정을 바꿔 헬싱키에서 먼저 숙박하며 헬싱키 관광을 하고 다음 날 오후에 스톡홀
름행 크루즈를 타는 방법도 있다. 이때는 스톡홀름행 크루즈 운항 일자와 맞는지 먼저 확인
해 봐야 한다.

바이킹 라인 크루즈 예약

가고자 하는 날짜의 헬싱키-스톡홀름 왕복을 검색해서 원하는 객실(캐빈)을 예약해 이틀간 배정받은 선실에 묵는다. 스톡홀름 도착 후에는 한나절 동안 스톡홀름 관광을 하고 16시 30분까지 승선하면 된다. 호텔 예약 사이트 Booking.com에서도 예약할 수 있으나 바이킹 라인 직접 예약보다 다소 비쌀 수 있다

Accommodation

숙소 예약

열흘 이상의 장거리 여행은 무거운 캐리어를 오래 끌고 다니기가 힘들기 때문에 숙소는 가급적 터미널(역)에서 도보 10분 거리 이내로 예약하는 것을 추천한다. 이번 여행 코스는 관광지인 구시가지가 대부분 터미널에서 가까워서 터미널 근처에 숙소를 정해 도보로 다닐 수 있었다. 일부 도시는 버스나 트램을 이용해야 하는 경우도 있으나 이때도 20분 이내 거리의 숙소를 정하는 게 좋다. 우선 FLIXBUS 앱 My ticket에서 각 도착지의 터미널 주소를 복사해 구글맵에서 위치를 찾는다. 터미널 주변 호텔 중 원하는 숙박 날짜와 조건을 검색하면 나오는 가격과 평점을 참고해 숙소를 선택한다.

숙소 사전 예약

예산과 조건에 맞는 적당한 숙소를 찾으면 주소를 복사해 터미널에서부터 경로를 확인해 보고 예약 사이트를 통해 예약한다. 이번 일정은 대부분 Booking.com을 통해 예약했고 수시로 숙소에서 보내주는 안내 메시지를 확인해 차질이 없도록 소통하며 대응했다. 특히 호텔이 아닌 아파트나 공유 숙소

의 경우 비대면으로 현관 비밀번호나 열쇠 보관 박스의 비밀번호 등을 보내오기 때문에 잘 확인해야 하고 현지어로 메시지가 올 때는 영어로 보내달라고 요청하거나 구글 번역앱을 깔면 편리하다. 구글맵만 잘 활용하면 호텔이 아닌 공유 숙소라도 찾아가는 데 큰 어려움이 없을 것이다.

참고로 이번 여행에서는 숙박 예산을 더블(트윈) 1박에 50~90€ 정도로 기준을 잡아서 호텔, 공유 숙박, 호스텔 등을 예약했다.

4   Travel Stuff
기타 준비

이심 e-sim 구입

이심을 설치할 수 있는 기종이라면 이심을 미리 구입해서 설치하는 것이 가장 저렴하고 편리하다. 유럽 여러 국가에서 사용할 수 있는 이심을 선택해 각자의 데이터 사용량에 맞춰 구입하면 된다.

비상 식량 준비

발트 3국과 폴란드 지역은 전통 음식 몇 가지 외에는 음식 문화가 다양하지 않다. 즉석밥과 즉석수프, 컵라면, 누룽지, 고추장, 김 등을 준비해 가면 중간중간 아주 유용하며 경비도 많이 절감할 수 있다.

트래블 쿠커

커피포트가 없는 곳도 많고 위생 문제도 있어서 용기와 가열부가 분리돼 부피가 작은 트래블 쿠커를 가지고 가면 좋다. 물 끓이는 데 10분 정도 걸리고 다소 무겁다는 단점은 있으나 아쉬운 대로 유용하게 쓸 수 있다.

환전

발트 3국과 핀란드는 유로화(EUR/€), 스웨덴은 크로나(SEK/kr), 폴란드는 즈워티(PLN/zł)를 사용하므로 현금은 유로화만 어느 정도 환전하고 가급적 카드를 사용하는 게 편리하다. 다만 미국계 카드인 AMEX CARD는 결제가 안 되는 곳이 많아 MASTER나 VISA, 트래블 카드를 준비해 가는 것이 좋다. 카드 결제 시에는 현지 통화로 결제할 건지 한국 원화로 결제할 건지 물어보는데, 반드시 현지 통화로 결제해야 이중으로 수수료가 빠지지 않는다.

The Baltics

Estonia

Latvia

Lithuania

Stockholm

Helsinki

발트 3국과
스톡홀름, 헬싱키

발트해를 중심으로 마주 보고 있는 스웨덴, 핀란드와는 달리 발트 3국은 발트해 연안에서 국경선을 이웃하고 있다. 발트 3국은 과거 소비에트연방에 속해 있었다는 공통점은 있지만 민족, 언어, 종교 등 많은 부분이 다르다. 에스토니아어는 핀란드어와 유사한 우랄어족의 한 갈래이고 라트비아어와 리투아니아어는 인도 유럽어족에 속한다. 종교 또한 에스토니아는 무교에 가깝고 라트비아는 개신교인 루터교가 많지만, 리투아니아는 폴란드의 영향으로 가톨릭이 대다수다. 발트 3국 지역은 산이 없고 넓게 펼쳐진 광활한 초원으로 이루어져 있다. 위치상 러시아의 침략 위협에 노출돼 있어 우크라이나 전쟁 이후 항상 긴장 속에서 서로 긴밀한 협력 관계를 유지하고 있다.

Sweden

스웨덴

수도: 스톡홀름(Stockholm)
면적: 450,295㎢(한반도의 2배)
인구: 약 1,065만 명(스웨덴인 80%)
통화: 크로나(1kr는 약 150원)

고대부터 스칸디나비아 게르만계 부족인 스베아족이 살고 있었으며 10세기 말 에리에크 6세가 최초의 스웨덴 왕으로 즉위하며 왕국이 세워졌다. 12세기에 십자군을 통해 핀란드를 정복하고 13세기에 이르러서야 본격적인 스웨덴 왕국 체제가 자리 잡았다. 1397년에서 1523년까지 덴마크, 노르웨이와 함께 칼마르 연합으로 통합됐다가 1523년 구스타브 1세 바사가 연합에서 탈퇴하며 근대 스웨덴 왕국으로 발전했다. 구스타브 2세 아돌프 시기에 북유럽의 군사 강국으로 크게 성장하면서 핀란드, 에스토니아, 라트비아 일부와 독일 북부를 점령해 스웨덴 제국을 이루었다.

그러나 18세기 초 러시아 표트르 대제와의 북방 전쟁에서 패하며 점차 영토를 잃고 이후 200년간 중립 국가를 표방했다. 노르웨이와는 1905년 평화적으로 분리 독립했다.

최근 러시아의 우크라이나 침공 이후 중립 노선을 포기하고 2024년 3월 NATO에 가입했다. 2차 세계대전 후 사회민주당이 장기 집권하며 세계적인 복지국가의 모델로 자리 잡아 많은 나라의 연구 대상으로 관심을 받고 있다.

과거에는 루터교가 국교였고 지금은 국교 지위가 없어졌지만 아직도 61%가 루터교이며 35% 정도가 무교다. 정치 체제는 칼 16세 구스타프가 상징적 국가원수인 입헌군주국이지만 총리가 실권을 가지고 통치하는 의원내각제 국가다. EU에 가입했으나 자국 통화(SEK)를 사용한다.

Finland
핀란드

수도: 헬싱키(Helsinki)
면적: 338,455㎢(한반도의 1.5배)
인구: 약 550만 명(핀란드인 90% 이상)
통화: 유로

고대에 우랄알타이어 계통의 핀우그리아족이 동쪽에서 들어와 정착했으며 12세기부터 약 600여년 동안 스웨덴의 지배를 받았다. 스웨덴이 북방 전쟁에서 패하게 되자 러시아 제국의 자치 대공국이 됐다. 1812년 수도를 투르크에서 헬싱키로 옮겼다.

19세기 말부터 핀란드 민족주의가 태동되며 1917년 러시아 혁명의 혼란을 틈타 독립을 선언했다. 1918년 발발한 백군(보수 우익)과 적군(좌익 공산주의) 사이의 치열한 내전에서 백군이 승리하면서 보수 우익 정치 체제가 들어섰다.

1939년 소련의 침공으로 발발한 겨울전쟁으로 일부 영토를 잃었고, 1941년부터 1944년에는 나치 독일과 손을 잡고 다시 소련과 전쟁을 벌였으나 영토를 추가로 빼앗겼다. 독일군을 몰아내기 위해 라플란드 전쟁을 치렀고 온 국민이 단결해 계속되는 주변 국가들의 위협에 대처하며 오늘에 이르렀다.

종교는 스웨덴과 비슷해서 루터교가 약 63%, 무교가 약 35%다. 정치 체제는 대통령과 총리가 행정 수반으로 권한을 분담하는 이원집정부제의 내각책임제 민주 공화국이다. 1995년 EU에 가입했고 2023년에 NATO의 31번째 가입국이 됐다.

Estonia

에스토니아

수도: 탈린(Tallinn)
면적: 45,277㎢(한반도의 1/5)
인구: 약 130만 명(에스토니아인 2/3, 러시아·우크라이나인 1/3)
통화: 유로

발트해 연안의 3국 중 최북단에 있으며 동쪽으로 러시아와 국경을 맞대고 핀란드와는 발트해를 사이에 두고 마주하고 있다. 1721년부터 제정러시아의 지배를 받아오다 러시아 혁명 이후 1918년에 독립했다. 2차 세계대전 중인 1940년에 소비에트연방에 강제로 편입됐다가 1991년 소련 해체와 함께 민주주의 국가로 독립했다. 2004년 EU에 가입하고 2011년부터 유로화를 공식 화폐로 사용하고 있다.

언어는 에스토니아어와 러시아어를 사용한다. 종교는 유럽의 다른 나라와 달리 60% 이상이 무교이고 러시아정교 20%와 개신교(루터교) 12% 정도다.

헬싱키나 스톡홀름 등 물가 비싼 북유럽이 가까워서인지 발트 3국 중 물가가 가장 비싼 편이다. 정치 체제는 총리가 내각 수반인 의원내각제다. 최근 우크라이나 전쟁으로 인한 러시아의 위협에 대처하기 위해 한국의 K9 자주포를 구입해서 국방력을 강화하고 있다.

Latvia

라트비아

수도: 리가(Riga)
면적: 약 64,589㎢(한반도의 약 1/3)
인구: 약 190만 명(라트비아인 57%, 러시아인 30%)
통화: 유로

발트 3국 중 가운데 있는 나라로 북쪽은 에스토니아, 동쪽은 러시아, 남쪽은 리투아니아, 벨라루스와 국경을 맞대고 있다. 라트비아의 근세 역사도 에스토니아와 비슷하다.

1721년부터 러시아의 지배를 받다가 1918년에 러시아제국으로부터 독립했으나 1940년에 소련으로 강제 병합됐다. 1991년에 소련 해체 후 민주주의 국가로 독립했다. 정치 체제는 대통령이 상징적 국가 원수이고 총리가 내각 수반인 내각책임제다.

2004년 EU와 NATO에 가입하고 2014년부터 유로화를 공식 화폐로 지정했다. 언어는 라트비아어와 러시아어를 공용어로 사용한다. 종교는 루터교가 35%, 가톨릭(주로 남부 지역) 25%, 러시아정교 20% 정도다.

Lithuania
리투아니아

수도: 빌뉴스(Vilnius)
면적: 65,300㎢(한반도의 약 1/3)
인구: 약 280만 명(리투아니아인 85%, 폴란드인 7%)
통화: 유로

발트 3국 중 가장 남쪽에 있는 나라로 북쪽은 라트비아, 동쪽과 남쪽은 벨라루스, 폴란드와 접해 있다. 서남쪽은 러시아 본토와 따로 떨어져 발트해 연안에 있는 러시아의 영토인 칼리닌그라드와 국경을 접하고 있다.

14세기와 15세기에는 리투아니아 공국이 폴란드와 연방을 형성해 전성기를 맞기도 했으나 1795년 폴란드 분할과 함께 러시아 제국으로 편입됐다가 1918년에 독립을 선언했다. 이후 각 정파들의 정권 쟁탈 투쟁으로 혼란해지면서 결국 1940년 소련에 의해 병합됐다.

1991년 소련 해체와 더불어 대통령과 총리가 역할을 분담하는 이원집정부제의 내각책임제 민주주의 국가로 독립했다. 2004년 EU에 가입했고 2015년에 유로화를 공식 통화로 지정했다. 종교는 가톨릭이 80% 이상을 차지하고 있는데, 이는 가톨릭 국가인 폴란드와 연방을 이루었던 역사적·지리적 요인 때문이다.

Tallinn

Estonia

에스토니아의 수도 탈린

1219년에 덴마크 왕 발데마르 2세가 이곳에 성을 쌓으며 탈린이라는 이름으로 불렸는데 이는 에스토니아어로 덴마크(Tanni)의 도시(Linn)라는 뜻이다. 이때부터 덴마크 왕국 치하의 에스토니아 공국 수도로 한자동맹의 중심지가 됐다. 1561년부터는 스웨덴의 지배를 받았다. 이후 1710년 러시아 표트르 대제에 의해 점령당하며 러시아제국 발트함대의 주둔지가 됐으며 러시아 혁명 이후 독립 시기부터 지금까지 에스토니아의 수도로 남아 있다.

면적: 159㎢(서울 면적의 약 1/4)

인구: 약 46만 명

교통: 트램, 버스 60분권 2€, **1일권** 3€ +교통카드 보증금 2€, **3일권** 5€,
5일권 6€ (R kiosk 구매, 보증금은 공항, 버스터미널 키오스크에서만 환급,
구시가지에서는 도보만으로 충분히 다닐 수 있다)

탈린공항 Tallinna Lennujaam, Tallinn Airport

탈린공항은 시골 기차역처럼 작은 공항이다. 보딩 브릿지도 없어 계단을 걸어와 짐을 찾고 밤 늦은 시간에는 택시로 구시가지까지 가야 한다. 탈린에서는 우버보다 볼트(Bolt)를 많이 이용하지만 앱을 깔지 않으면 15분 거리에 20€를 지불해야 한다.

공항에서 구시가지 이동: 4번 트램 2번 버스 2€ , 15분 소요 | **택시** 10~15€ (사전 요금 확인)

탈린 구시가지 Tallinn Old Town

유네스코 세계문화유산으로 등재된 에스토니아 수도 탈린 구시가지(앞으로 소개하는 모든 도시의 구시가지는 유네스코 세계문화유산으로 등록돼 있다)는 한나절이면 충분히 돌아볼 수 있다. 코투오차(Kohtuotsa) 전망대에 올라가면 높이 솟은 첨탑이 눈에 띄는 성 올라프 교회를 비롯해 톰페아 성 등 탈린 구시가지 전경을 한눈에 내려다볼 수 있다. 중세 한자동맹의 중심이었던 12세기부터 이어오는 오랜 역사를 잘 보존한 성곽과 성당이 저마다 독특한 자태를 뽐내며 많은 관광객들을 불러들이고 있다.

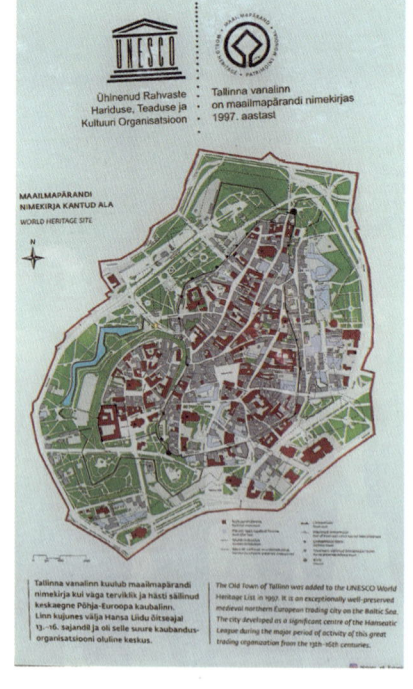

유네스코 세계문화유산 탈린 구시가지 안내도

성 올라프 교회 Oleviste Kirik, St. Olaf's Church

성 올라프 교회는 12세기경 뱃사람들의 수호성인으로 알려진 노르웨이 왕국의 올라프 2세 하랄드손(Olav II Haraldsson)을 기리고자 그 이름에서 유래했다. 1500년경에는 높이가 159m에 달해 발트해의 먼 바다에서도 한자동맹의 거점 도시였던 탈린을 알아볼 수 있는 랜드마크의 역할을 했다. 이후 10차례나 낙뢰를 맞고 3차례나 화재로 전소돼 여러 번 재건됐고 지금의 첨탑 높이는 123.8m가 됐다. 1574년에는 곡예단이 성 올라프 교회 첨탑 꼭대기에서 탈린 시청사 지붕까지 줄을 매서 줄타기 곡예 공연을 펼치기도 했다고 전해진다. 처음에는 가톨릭 성당으로 지어졌으나 종교 개혁 이후 루터교회로 바뀌고 2차 세계대전 후 소련이 점령하며 침례교회로 바뀌었다. 지금까지 침례교회로 사용되고 있다.

마가렛 포탑 Paks Margareeta, Fat Margareeta

1511년부터 1530년까지 탈린의 성문을 재건하며 요새 방어를 위해 뚱뚱한 모양(Fat)으로 쌓은 2개의 원형 포탑이다. 화약과 무기를 보관하는 창고로 사용되다가 감옥으로 바뀌었다. 현대에 들어와 한때 예술가들의 집으로 개조하려는 계획도 있었다.

톰페아 성 Toompea Loss, Toompea castle

9세기경부터 탈린 중심부 톰페아 언덕에 위치해 요새로 사용된 성이다. 1991년 소련으로부터 독립한 이후에는 건물 일부를 에스토니아 공화국 국회의사당으로 사용하고 있다.

구시가지 광장 거리와 골목 풍경

탈린의 대중교통 트램

덴마크 왕 발데마르 2세의 정원
(Taani Kuninga Aed)에 있는 덴마크 국기
문양의 방패와 묵상하는 수도사의 동상

알렉산더 넵스키 성당 Alexander Nevsky Cathedral

러시아에 지배당하던 시기인 1900년에 톰페아 언덕에 세워진 에스토니아 정교회 성당으로 러시아정교회 성인 알렉산더 넵스키에게 봉헌되었다. 같은 이름의 성당이 불가리아의 소피아와 동유럽 곳곳에 있다. 에스토니아인들에게는 러시아 지배의 상징으로 여겨져 여러 차례 철거나 이전 논의가 있었지만 철회됐다. 최근 러시아의 우크라이나 침략으로 다시금 철거 논의가 되살아나고 있다.

성 마리아 대성당 Toomkirik, St. Mary's. Cathedral

1240년에 성모 마리아를 기리기 위한 성당으로 지어졌다. 1684년에는 대화재로 피해를 입었으나 재건과 수리를 거듭해 1779년에 지금의 바로크식 첨탑이 세워졌다. 처음에는 가톨릭 성당이었으나 종교 개혁 이후 1561년 루터교회가 됐다. 탈린과 에스토니아 본토에서 가장 오래된 교회 건축물로 1995년에 에스토니아 국가 문화 기념물로 지정됐다.

성 니콜라스 교회 Niguliste Kirik, St. Nicholas Church

성 마리아 대성당과 비슷한 시기인 1275년에 고틀란드에서 온 상인들이 어부와 뱃사람들의 수호성인인 성 니콜라스에게 봉헌한 가톨릭 성당이다. 1520년대 이후 역시 루터교회가 됐다. 1944년 소련군의 탈린 폭격으로 대부분 파괴됐으나 내부의 유물은 제때 대피시켜서 무사히 살아남았다. 2차 세계대전 후 1953년부터 1981년까지 진행된 복원공사로 완전히 재건됐으나 교회의 첨탑은 1982년의 화재로 다시 파괴돼 또다시 복원했다. 1984년부터 에스토니아 미술관의 중세예술 컬렉션인 니굴리스테 박물관과 뛰어난 음향 시설의 콘서트 홀로 사용되고 있다.

레스토랑 | Olde Hansa

중세 식당과 요리를 재현해 어두운 촛불 아래서 거칠고 투박한 요리를 경험하는 곳. 비싼 가격에 비해 만족도가 떨어지는 관광 식당이라는 리뷰가 많다.

중세의 북유럽 상업 동맹 한자동맹(Hansa)

13세기 초부터 독일 북부 도시를 중심으로 한 상인조합인 한제(Hanse)에서 시작됐다. 17세기에는 북해와 발트해까지 연결해 북유럽의 200여 도시들이 연합해서 형성한 무역 공동체. 해적으로부터 상인들을 보호하는 군사적 협력까지 하며 각종 무역 규칙과 법률을 제정해 근대 무역 시스템의 기초를 닦았다. 그러나 16세기 종교개혁과 콜럼버스, 마젤란 등의 지리상의 발견 이후 해상무역의 중심이 대서양과 인도양 등으로 옮겨가면서 몰락하게 됐다.

수백 년이 지난 지금도 독일 대표 항공사 루프트한자(Lufthansa)가 그 이름을 계승하고 있다. 2018년 영국의 브렉시트에 대응하기 위해 덴마크, 아일랜드, 에스토니아, 라트비아, 리투아니아, 네덜란드, 핀란드, 스웨덴의 EU 재무장관들이 신한자동맹(New Hanseatic League)을 결성했는데 아이러니하게도 한자동맹의 원조인 독일은 빠져 있다.

탈린의 다른 명소들

- **키에크 인더 쾨크 박물관** 1470년 지어진 군사 역사 박물관
- **KGB 박물관** 소련 점령 시절의 KGB 유물 박물관
- **탈린 구시청사** 14~15세기에 지어진 고딕양식의 시청사
- **바바무 독립박물관** 1991년 이전 소련 점령 시절의 아픈 역사를 모아둔 박물관

호텔 | St. Olav Hotel

구시가지 성벽 근처에 있는 앤티크한 분위기의 호텔이다. 깔끔한 조식도 맛있고 호텔 구석구석에 배치된 클래식한 가구와 그림, 호텔 안쪽의 작은 뜰 등 아늑한 분위기가 매력적이다. 주로 현지인이 머무는 로컬 호텔로 탈린에 머무르게 된다면 한번 경험해 보기를 추천한다. 구시가지를 걸어서 돌아볼 수 있어 무엇보다 편리하다. 다만 2, 3달 전에 예약할 때와 직전에 예약할 때의 가격 차이가 2~3배 이상이라 여행 일정이 어느 정도 확정되면 미리 예약해 두는 것이 좋다.

Transportation

탈린에서 어느 정도 시차 적응과 구시가지 관광을 마치고 호텔에서 아침 식사를 한 후 오전 10시 30분경 체크아웃을 했다. 볼트 택시를 불러 5분 거리의 헬싱키행 페리 터미널로 향했다. 요금은 약 4€. 마침 토요일이라 페리 터미널은 많은 사람으로 붐비고 있었다. 승선 티켓은 앱에 발급된 QR 코드를 자동 판매기에서 스캔하면 곧바로 인쇄가 돼서 나온다. 탈린에서 바이킹 라인과 같은 터미널에서 페리를 탔기 때문에 이때까지는 헬싱키에서도 같은 터미널에 내린다고 생각했다.

에케로 라인 페리 핀란디아호

에케로 페리에는 추가 요금을 지불하는 여러 등급의 선실이 있다. 발트해를 건너 헬싱키까지 2시간 30분 정도밖에 걸리지 않아서 굳이 비싼 추가 요금을 부담하고 갑갑한 선실에 들어가고 싶지 않았다. 갑판 곳곳에 설치돼 있는 벤치나 테이블 좌석에서 음료를 마시며 시원한 바닷바람과 함께 눈부신 햇살 아래서 항해를 즐겼다. 특히 갑판에서는 승무원들이 펼치는 신나는 라이브 무대가 승객들의 흥을 돋우며 지루함을 덜어준다. 페리 요금 1인 29€

크루즈 갑판, 라운지 등 휴식 시설

항해 중에는 또 다른
선사인 TALLINK의 페리와
마주치기도 한다.

2시간여의 항해 끝에 헬싱키 터미널에 도착해 바이킹 라인 터미널을 찾았으나 보이지 않았다. 황급히 구글 지도를 확인해 보니 한참 먼 곳의 다른 부두에 따로 있는 게 아닌가. 트램이나 버스로는 2번이나 환승해야 한다고 하기에 터미널 앞에 줄서 있는 택시에 구글맵을 보여주며 요금을 묻자 30~35€ 정도라고 한다. 급하게 올라탔으나, 아뿔싸! 엉터리 바가지 택시였다.

미터기는 기본 요금 10€에서 빠르게 올라가고 의도적으로 급가속과 급정거를 반복해 심한 차멀미로 정신이 혼미해진 상태로 도착하니 20분 만에 미터기에는 65€가 찍혔다. 도저히 납득이 안 돼서 흥정을 하니 미터기 숫자가 점점 내려간다. 50€를 내고 씁쓸한 기분으로 터미널에 가 바이킹 라인 예약앱에서 QR 코드를 스캔하는데 계속 에러가 나며 발권 창구에 가서 확인하라는 메시지가 뜬다. 창구에서 확인한 결과 예약 후 결제 시한을 넘겨 자동 취소가 됐으며 오늘 가는 편은 인사이드 라지 객실 1개만 329€에 남아 있으니 구매 여부를 결정하라고 했다.

황급히 예약 내용을 확인해 보니 결제 시한이 남아 있어서 바로 결제를 하지 않았고 not paid로 돼 있던 걸 모르고 다른 예약 사이트처럼 결제 시한에 자동 결제가 되는 걸로 착각했던 어처구니 없는 실수였다. 결국 2개월 전 얼리버드로 2박 3일 오션뷰 객실을 127€로 예약한 걸 날려버리고 329€라는 거금을 주고 크루즈에 올랐다. 만일 추가 비용 때문에 스톡홀름행을 포기한다면 헬싱키 호텔을 새로 예약해야 하는데 주말이라 빈방이 있을지도 모르고 헬싱키의 호텔비가 크루즈보다 더 비쌀 수도 있었다. 더욱이 이번이 아니면 스톡홀름을 크루즈로 갈 기회가 없을 것 같아 결단을 내린 것이 결국은 신의 한 수가 됐다.

바이킹 라인 크루즈 가브리엘라호

헬싱키와 스톡홀름 사이를 운항하는 바이킹 라인 크루즈 가브리엘라(Gabriella)호는 길이가 160m가 넘는 35,000톤 급의 꽤 큰 선박이지만 식사 등 모든 게 요금에 포함된 관광 크루즈와는 달리 선실 요금을 제외한 모든 것이 유료인 정기 여객선이다. 따라서 선내에서 2박을 보내는 동안 식사뿐 아니라 생수 등도 모두 사 먹  어야 한다. 선내 슈퍼 면세점에서 500ml 생수 1병에 2.5€(3병에 5.5€) 정도고, 조식은 18€, 저녁 식사는 44.5€ 정도다. 그래서 많은 사람이 6~10€ 정도인 스낵 코너의 샌드위치와 크루아상으로 식사를 대신한다. 또한 북유럽은 맥주 등 술 값이 매우 비싼 편이라 선내 면세점에서 위스키나 맥주를 박스로 사는 모습을 심심치 않게 볼 수 있다. 유료이긴 하지만 스파, 사우나 등의 편의시설도 잘 갖추어져 있다. 인사이드 라지 객실은 창문이 없지만 2층 침대 2개가 마주보는 비좁은 오션뷰 2~4인실보다 넓고 캐리어를 펼칠 공간도 넓어서 1, 2일 동안 머무르기는 더 나았다. 홈페이지를 확인하고 다양한 객실 옵션을 선택해 보자.

바이킹 라인 홈페이지 www.sales.vikingline.com

인사이드 라지 객실(당일 발권 2박 329€)

크루즈 식당

라운지 등 휴식 시설

Stockholm

Sweden

북유럽의 베네치아 스톡홀름

스톡홀름은 17세기 한때 북유럽의 강국으로 부상한 스웨덴 왕국의 수도로 정해진 이후 지금까지도 스칸디나비아 반도 최대의 도시로 자리매김하고 있다. 스톡홀름의 'Stock'은 통나무, 'holm'은 섬이라는 뜻으로 이곳을 처음 발견한 사람들이 멜라렌 호수(Mälaren) 상류에서 통나무를 띄워 보내 땅에 닿는 곳에 도시를 세우기로 했다는 전승에서 유래됐다. 주변에 수많은 섬이 산재해 있어 '북유럽의 베네치아'라고 불리기도 한다.

INFORMATION

면적: 188㎢(서울 면적의 1/3 이하)

인구: 약 100만 명

교통: 트램, 버스 교통카드(SL Card) 이용, **1회권** 45SEK, **24시간권** 175SEK, **72시간권** 350SEK(1SEK=약 150원)

구시가지 감라스탄 Gamla Stan, Stockholm Old Town

스톡홀름 부두에서 스톡홀름 왕궁과 문화유적이 모여 있는 구시가지 감라스탄까지는 버스나 택시로 10분, 도보로는 20~30분 정도 걸린다. 크루즈를 이용하면 오전 10시에 스톡홀름 부두에 도착해서 오후 5시에 출항한다. 약 6시간의 체류 시간 동안 선택과 집중을 해서 스톡홀름 시내를 관광하면 좋을 것이다.

페리 터미널에서 구시가지까지의 바닷가

스웨덴 왕궁, 스톡홀름 시청사, 노벨상 박물관, 스톡홀름 대성당, IKEA City-스톡홀름, 왕궁 근위병 교대식 등 구시가지의 명소들은 도보로도 충분히 돌아볼 수 있다. 좀 더 욕심을 내서 바사 박물관과 ABBA 박물관까지 볼 생각이라면 부두에 내리자마자 택시로 두 곳을 먼저 갔다가 구시가지 명소를 돌아보면 된다. 구시가지를 걸어 다니며 바다와 함께 조화를 이루는 아름다운 건축물을 보다 보면 스톡홀름이 '북유럽의 베네치아'라는 말을 실감할 수 있다.

스톡홀름 시청사
Stockholms Stadshus,
Stockholm City Hall

얼핏 멀리서 보면 교회 같은 건물이지만 세계에서 가장 아름다운 시청 건물이라는 찬사를 받는 스톡홀름 시청사 건물이다.

노벨상 박물관 Nobelmuseet, Nobel Museum

스톡홀름 감라스탄 구시가지에 위치한 노벨상을 기념하는 박물관이다. 이 박물관은 노벨상 제정 100주년을 기념하기 위해 2001년 봄에 개관했으며, 스웨덴 아카데미가 위치한 옛 증권거래소 일부가 현재 노벨상 박물관으로 사용되고 있다. 박물관에서는 노벨상의 역사, 과거 수상자 그리고 창립자 알프레드 노벨과 관련된 자료들을 볼 수 있다 건물 내에는 카페도 있으며, 2001년경부터 수상자가 의자 등받이에 서명하는 것으로 알려져 있다. 2000년 노벨 평화상을 수상한 김대중 전 대통령과 2024년 노벨 문학상을 수상한 한강 작가의 자료관도 있어 한국의 많은 방문객들이 찾는 곳이기도 하다.

개관 기간: 화~목, 토~일 11:00 ~17:00, 금 11:00~21:00(월 휴무)

입장료(시청사, 노벨상 박물관 동일): 150SEK

왕궁과 근위병, 스웨덴 전성기를 이끈 구스타프 2세 아돌프의 동상.
독특한 투구 모자와 파란색 군복이 아름다운 왕궁 근위병들의 교대식에는
많은 인파가 모여든다.

스톡홀름 대성당 Storkyrkan, Stockholm Cathedral

1279년에 고딕양식으로 세워진, 스톡홀름에서 가장 오래된 성당이다. 대성당이라는 이름에 어울리지 않게 소박한 성당이지만 증개축을 하면서 바로크양식이 가미된 독특한 건축이 됐다. 16세기 종교개혁 이후 루터교회로 바뀌어 스웨덴 왕실 결혼식, 장례식 등 주요 행사가 열리고 있다.

성 야고보 교회 Sankt Jacobs Kyrka, St. James's Church

강렬한 붉은색으로 지어진 교회로 여행자의 수호성인 성 야고보를 기리는 곳이다. 고딕양식과 바로크양식이 조화를 이룬다. 1580년경부터 수세기에 걸쳐서 건설됐고 20세기에 들어 현재의 모습으로 자리를 잡았다.

스웨덴 국립박물관

오페라 극장

IKEA 푸드코트의 명물이라는
미트볼과 샐러드 세트(189SEK)

길거리의
클래식 올드카와
길이가 한국 버스의
2배는 되는
스톡홀름 시내버스

바사 박물관 Vasamuseet, Vasa Museum

스웨덴의 전성기를 이끌었던 구스타프 2세가 1625년에 건조한 바사호는 1628년 첫 항해 때 불과 1300m를 항해하다 원인 모르게 침몰했다. 당시로서는 상당히 크고 호화로운 목재 전함이었던 바사호는 길이 69m, 폭 11.7m, 높이 52.2m 정도였다. 바사호에 실렸던 대포와 가구 등을 함께 전시하고 있다. 세계 10대 박물관 중 하나로 꼽히는 스톡홀름의 대표적인 관광 명소다.

홈페이지 www.vasamuseet.se
개관 시간: 08:30~18:00
입장료: 230SEK

ABBA 박물관 ABBA The Museum

2013년에 개관한 박물관으로 1970년대 스웨덴의 전설적인 혼성 그룹 ABBA에 관련된 자료를 전시하고 있다.

홈페이지 abbathemuseum.com
개관 시간: 10:00~17:00
입장료: 일반 329SEK, 학생, 시니어 270SEK

스톡홀름 앞바다의 아름다운 섬들

발트해에서 스톡홀름 항구까지 드나드는 수로에는 수많은 작은 섬이 여기저기 흩뿌려져 있다. 섬마다 몇 채씩 지어진 북유럽 감성의 예쁜 집들은 갤러리에 전시된 한 폭의 아름다운 풍경화나 사진을 감상하는 것 같다. 수로는 좁고 복잡하지만 수심이 깊어서 초대형 크루즈가 섬 사이를 조심스럽게 항해하는 모습을 수시로 볼 수 있다.

너무나 짧은 일정의 스톡홀름 방문을 아쉬움 속에 마치고 크루즈에 올랐다. 스톡홀름 앞바다의 비현실적인 절경을 눈과 가슴에 담아본다. 밤 10시에도 밝기만 한 북유럽의 백야를 만끽하며 언젠가 여유롭게 다시 올 수 있기를 소망해 본다.

📍 **스톡홀름의 다른 명소들**

- **스칸센 박물관** 전통가옥, 동물, 숲으로 조성된 세계 최초의 야외 박물관
- **스톡홀름 사진 미술관** 전 세계 사진 작품을 전시하는 사진 전문 미술관
- **노르딕 박물관** 시대별 스웨덴의 생활과 문화, 역사를 보여주는 대형 박물관
- **외스테르말름 시장** 스웨덴 최고의 먹거리가 모여 있는 전통 시장

Helsinki

북유럽의 관문 헬싱키

헬싱키는 1550년 스웨덴의 구스타프 1세가 한자동맹의 중심 도시인 탈린을 견제하기 위해 건설한 도시다. 하지만 초기에는 발트해의 한자동맹 도시들에 밀려 존재감이 없었다. 1809년에 스웨덴이 러시아와의 전쟁에 패하며 핀란드가 러시아령 대공국이 되면서 핀란드의 수도가 됐고 급격히 성장해 오늘날 핀란드 최대 도시가 됐다.

INFORMATION

면적: 715㎢ (서울보다 약간 작다)
인구: 약 68만 명
교통: 트램, 버스, 메트로 1회용 3.2€, HSL교통카드 1일권(AB존) 11€
(헬싱키 시내만 다닌다면 AB존 1일권이 유용하다)

중앙역에 우크라이나 국기가 나부끼는 헬싱키

초여름 6월의 북유럽은 본격적인 백야가 시작돼 밤 9시가 넘어도 밝은 대낮 같다. 환상적인 바닷길 주변의 아름다운 풍경에 빠져 어슴푸레한 백야를 보내고 아침 10시에 비가 부슬부슬 내리는 헬싱키 바이킹 라인 터미널에 내렸다. 원래 탈린에서 헬싱키까지는 페리로 2시간이면 갈 수 있어서 하루 이틀 헬싱키를 보려고 한 것이 점점 욕심이 생겨 스톡홀름까지 다녀오게 된 것이다. 터미널에서 도보 3분 거리에 예약한 유로호스텔(Eurohostel)에 짐을 맡기고 트램 1일권을 구입했다. 비가 많이 내리는 탓에 트램을 타고 헬싱키의 랜드마크를 돌아보기로 했다.

헬싱키 중앙역 돔 위에는 우크라이나 국기가 나부끼고 있었다. 우크라이나를 응원하는 메시지가 아닌가 싶다.

헬싱키 대성당 Helsingin Tuomiokirkko, Helsinki Cathedral

러시아가 지배하던 1852년에 세워진 성당으로 흰색 건물과 푸른색 돔의 조화가 돋보이는 신고전주의 양식이다. 원래 러시아정교회의 성 니콜라스 성당이었으나 1917년 핀란드 독립 이후 개신교인 루터교회로 바뀌어 지금은 핀란드 루터교회의 총 본산 역할을 하고 있다. 종교개혁을 시작한 마르틴 루터와 미카엘 아그리콜라의 동상 등이 있다.

헬싱키 대성당 광장

우스펜스키 성당 Uspenskin Katedraali, Uspenskin Cathedral

성당 이름은 슬라브어로 성모의 안식을 의미하는 단어 '우스페니에(uspenie)'에서 유래했다. 러시아 지배하에 있던 1868년에 성모 승천을 기념하기 위해 건설됐다. 비잔틴 슬라브 양식의 붉은 벽돌 건물과 돔 위에 금으로 장식한 첨탑의 조화가 독특한 양식을 보여준다. 핀란드 정교회 주교좌 성당으로 서유럽에서 가장 큰 정교회 성당으로 꼽힌다. 헬싱키 시내가 내려다보이는 카타나야노카 반도 언덕에 있으며 성당 뒤에는 대성당 축성 당시 핀란드 대공을 겸하고 있던 러시아 황제 알렉산드르 2세의 기념 동상이 서 있다.

템펠리아우키오 교회 Temppeliaukion Kirkko, Temppeliaukio Church

1969년에 건축가 수오마라이넨 형제가 헬싱키 근교 암석 지대의 바위산을 깎아서 초현대적으로 설계한 루터교회로, 암석 동굴 교회라 부른다. 깎아 들어간 천장 주변을 유리돔으로 덮어 자연 채광을 하고 교회 내부도 천연 암반을 그대로 활용해 자연적인 분위기를 살렸다. 소리의 울림 효과를 극대화할 수 있도록 설계해 다양한 음악 공연장으로 활용되고 있다.

관람 시간: 09:30~16:50(토, 일은 예배로 일부 시간 제한이 있다)

입장료: 8€

하카니에미 시장 Hakaniemen Kauppahalli, Hakaniemi Market

헬싱키를 배경으로 한 일본 영화 〈카모메 식당〉에서 주인공이 장을 보러 가던 시장으로, 실외 시장과 2층 건물에 가게가 모여 있는 재래시장이다. 1층에는 식료품 매장이, 2층에는 기념품 매장과 핀란드 유명 브랜드인 마리메코(Marimekko) 매장이 있다. 3번 트램을 타면 바로 갈 수 있다.

유로호스텔 | Eurohostel

헬싱키를 비롯한 북유럽 지역은 숙박
비를 비롯한 물가가 높기로 유명해서
웬만한 호텔 숙박비는 25만 원을 훌
쩍 넘는다. 그래서 한 달씩 장기 여행
을 할 경우에는 가성비 좋고 깨끗한
숙소를 찾는 게 가장 큰 어려움이다.
호텔 예약 사이트를 몇 번씩 검색하

며 찾아낸 유로호스텔은 호스텔이 가지고 있는 한두 가지 단점을 제외하고는 구글 평점
4.0에 한국인 이용자들의 후기도 좋고, 바이킹 라인을 이용하는 여행객에게는 괜찮은
선택이라 생각된다.

숙박 요금은 계절과 요일에 따라 다르지만 6월에 2인 1실로 사용했고, 2인 조식 포
함 78€를 지불했다. 당시 근처에 있는 스칸딕 그랜드 마리나 호텔이 거의 180€
정도였다. 물론 호텔과 호스텔은 시설과 서비스 차이가 크다는 걸 감안해야 한
다. 유로호스텔 홈페이지(www.eurohostel.fi)에서 예약하면 5~6€ 이상 저렴하다.
4번, 6번, 7번 트램 종점과 바이킹 라인 터미널에서 3~5분 거리에 있어 매우 편리하다.
도미토리지만 남성용은 2인실, 여성용은 3인실이며 2명이 예약할 경우에는 2인 1실을
배정하기 때문에 별 문제가 없다. 객실은 대학 기숙사를 리모델링한 트윈룸(트리플)으로
넓고 쾌적하다. 단점은 욕실과 화장실이 공용이라 조금 불편하지만 이것만 감수한다면
무료로 핀란드식 사우나도 즐길 수 있고, 1층 식당에서 조식도 10€ 정도에 제공하고, 저
녁에도 피자, 파스타, 치킨 등과 술도 한잔할 수 있다.

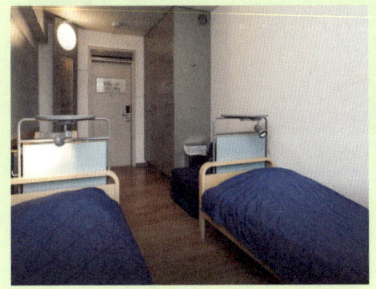

핀란드식 사우나

레스토랑 | Ravintola Kolme Kruunua

헬싱키 역시 스톡홀름 못지않게 물가가 비싸다. 보통 생수 500㎖ 1병에 2.5€, 버거킹 와퍼 세트가 10.5€ 정도다. 이 식당은 구글 평점 4.4의 헬싱키 로컬식당으로 유로호스 텔에서 트램으로 5정거장(약 10분)이라 가깝다. 핀란드의 대표적인 음식인 연어 수프는 푹 끓여서 눅진함이 느껴질 정도로 풍미가 깊고 으깬 감자와 함께 먹는 수제 미트볼은 핀란드 생맥주와 잘 어울린다. 조촐하지만 제대로 된 핀란드식 저녁을 즐기며 북유럽에 서의 밤을 보낼 수 있다.

헬싱키 시내 한복판의 한국 떡볶이 집이 K-푸드의 인기를 실감하게 한다.

창가 쪽이 약간 더 튀어 나와서 안쪽에서 내리기 편하게 설치된 트램 의자를 통해 세심함을 엿볼 수 있다.

📍 헬싱키의 다른 명소들

- **수오멘린나 요새** 19세기 군사 건축 문화유산. 헬싱키의 강화도 같다
- **시벨리우스 공원** 핀란드의 대표 작곡가인 시벨리우스의 기념비가 있는 해변 공원
- **디자인 박물관** 핀란드 디자인 전문 박물관
- **세우라사리 야외 박물관** 18~19세기 전통가옥을 재현한 야외 박물관

Transportation

헬싱키에서 탈린까지 페리

유로호스텔에서 아침 식사 후 3분 거리의 바이킹 라인 터미널로 가서 10시 30분에 출발하는 탈린행 페리 Viking XPRS호를 타고 2시간 정도 걸려 오후 1시에 탈린 부두터미널에 도착했다. 배에서 내린 후 30분 안에 버스터미널로 가서 버스를 갈아탈 수 있을까 내심 걱정했지만 다행히 탈린 하버 버스터미널이 도보 5분 거리에 있었다.

오후 1시 45분에 출발하는 라트비아의 수도 리가행 플릭스버스를 타고 본격적인 발트 3국과 폴란드 버스 여행을 시작한다. 이 버스는 리가를 거쳐 리투아니아의 수도 빌뉴스까지 운행한다.

헬싱키 → 탈린 페리 요금 1인 22.5€

탈린에서 리가까지 플릭스버스

탈린을 출발한 버스는 끝없이 펼쳐지는 초원과 들판 한가운데로 뻗은 이차선도로를 따라 달린다. 차창 밖으로는 경작지도 아닌 푸른 초원과 간간이 나타나는 하얀 자작나무 군락이나 숲이 지나갈 뿐이다. 중간중간 공사나 사고가 있으면 무작정 기다리기도 한다. 중간에 작은 도시에서 정차했다가 다시 출발해 5시간 만인 오후 7시쯤 리가 중앙역 앞에 있는 리가 버스터미널에 도착했다.

탈린 → 리가 버스 요금 1인 11€

Riga

Latvia

라트비아의 수도 리가

라트비아의 수도 리가는 1201년 브레멘의 주교 알베르트가 건설해 1282년 한자동맹에 가입하며 발트해의 주요 상업 도시로 번성했다. 1621년, 스웨덴에 점령되고 다시 1721년부터는 러시아의 지배를 받다가 1918년부터 라트비아의 독립과 함께 수도가 됐다. 발트해와 다우가바강을 끼고 있으며 발트 3국 가운데 가장 큰 도시다. 많은 유적이 남아 있는 구시가지는 유네스코 문화유산으로 지정됐다. 다우가바강변의 공원과 운하, 곳곳에 조성된 숲이 도시를 더욱 쾌적하게 만들어 천천히 산책하며 다니기에 좋은 도시다.

INFORMATION

면적: 307㎢(서울의 절반 정도)

인구: 약 63만 명(라트비아인 약 43% 러시아인 약 39%)

교통: 트램, 버스 1회권 2€ , 24시간권 5€

리가 중앙시장 Rīgas Centrāltirgus, Riga Central Market

호텔에 체크인을 하고 바로 옆 중앙시장으로 가보니 유럽의 재래시장처럼 오후 6시에도 파장하는 분위기다. 싱싱한 체리와 크랜베리, 블루베리, 딸기, 수박 등 제철 과일을 잔뜩 쌓아놓고 한국과 비교가 안 될 정도로 저렴한 가격에 팔고 있다. 체리를 비롯해 몇 가지를 구입해 호텔에 두고 저녁 식사를 위해 이동했다.

리가 구시가지 Riga Old Town

리가 구시가지는 리가 중앙역 앞길 건너편부터 다우가바강 서쪽의 거리다. 리가성을 비롯해, 블랙헤드 하우스, 삼형제 건물, 브레멘 음악대 동상, 리가 대성당 등 역사 깊은 문화유산이 골목마다 숨어 있어 찾아다니는 즐거움이 있다.

생맥주를 마시며 달리는 마차도
관광객을 기다리며 서 있다.

구시가지 골목마다
독특한 개성을 뽐내는
다양한 양식의 건축물과 카페,
중세 분위기의 식당이
여행자의 발길을 붙잡는다.

리가성 Rīgas pils, Riga Castle

1330년에 다우가바강가 요새로 지어졌으며 건축 당시에는 비테슈타인 성(Wittenstein)으로 불렸다. 각 코너에는 원형탑을 세워 발트해에서 리가로 들어오는 배를 감시했다. 17세기에서 19세기까지 재건과 증축이 계속돼 1930년경 거의 지금의 모습으로 자리 잡았으나 2013년 6월 재건 작업 중 화재가 발생해 크게 손상되기도 했다. 현재 성의 북쪽 부분은 라트비아 대통령 관저와 집무실로 사용되고 있으며, 남쪽 부분은 문학·미술사 박물관과 해외 미술관으로 사용되고 있다.

개관 시간: 11:00~17:00(일요일 휴관)
입장료: 미술관 가이드 투어 7€

블랙헤드 하우스 Melngalvju Nams, House of The Blackheads

1334년에 창고, 모임, 축하 장소 용도로 세워진 리가 최대의 공공 건물이다. 14세기 중반부터 미혼 상인, 선주, 외국인을 위한 길드인 블랙헤드 형제단의 본부로 사용하면서 블랙헤드 하우스라고 불리기 시작했다. 1510년에 장식한 크리스마스 트리가 최초로 세워졌던 곳이기도 하다. 대통령 관저로 사용하던 리가성을 대대적으로 보수하던 2012년부터 2016년까지 대통령의 임시 관저 및 집무실로 사용되기도 했다. 지금은 이벤트 센터이자 박물관으로 사용되고 있다.

블랙헤드 형제단(Brotherhood of Blackheads)
블랙헤드라는 이름의 정확한 유래는 알 수 없으나 블랙헤드 형제단의 수호성인이 이집트 출신의 흑인 순교 성인인 성 모리스였기에 이런 이름이 붙었다고도 한다. 14세기 중반부터 1940년까지 라보니아 지방(에스토니아와 라트비아 접경 지역)을 중심으로 아직 대길드에 가입할 자격이 안 되는 미혼 남성 상인, 선주, 외국인들이 만든 연합으로 군사 조직과 상인 조합의 성격을 모두 가지고 있었다. 엄격한 규율을 정해 따르도록 했으며, 오늘날에도 독일 함부르크에서 활동하고 있다.

삼형제 건물 Trīs brāļi, Three Brothers, Latvian Museum of Architecture

오른쪽 흰색 건물은 15세기에 건축된 독일식 계단 모양의 박공 타입으로 리가에서 가장 오래된 주거용 건물이다. 가운데 노란색 건물은 16세기에 건축된 네덜란드 양식, 왼쪽 푸른색 건물은 18세기에 건축된 바로크양식의 건물로 지금은 건축 박물관이다. 붙어 있는 3개의 건물이 시대별로 다른 건축양식을 보여주며 잘 보존돼 있어 '삼형제 건물'로 불린다. 리가의 대표적인 명소 중 하나로 꼽힌다.

동화 《브레멘 음악대》의 동물 동상
Town Musicians of Bremen Statue

1990년에 라트비아의 독립을 축하하는 의미로 독일의 브레멘에서 기증한 동상이다. 독일의 동화 작가 그림형제가 쓴 전래동화 《브레멘 음악대》에 등장하는 당나귀, 개, 고양이, 수탉이 묘사돼 있다. 동상의 코를 모두 만지면 소원이 이루어진다고 해서 코 부분만 유난히 반짝거린다. 가장 높이 있는 수탉까지는 거의 손이 닿지 않아 점프를 하는 사람들도 간간이 눈에 띈다.

리가 대성당 Rigas Doms, Riga Cathedral

라가 대성당은 1211년에 알베르토 대주교에 의해 다우가바강 근처 구시가지 한가운데 세워졌다. 수세기에 걸쳐 증축과 개축이 이루어지면서 로마네스크양식, 바로크양식 등의 건축양식이 혼재됐으며 지금의 건축물은 18세기 후반에 완성됐다. 발트 3국에 있는 중세 시대의 대성당 중 최대 규모로 알려져 있다. 알베르토 대주교가 처음 건축할 당시에는 가톨릭 대성당이었으나 16세기 종교개혁 이후 북유럽의 많은 가톨릭 성당처럼 루터교회로 바뀌었다. 그러나 가톨릭 성당이나 정교회 성당으로 남아 있는 성당도 많이 볼 수 있다.

그리스도 탄생 정교회 대성당과 고통의 성모 가톨릭 성당

구시가지를 벗어나 길을 건너면 작은 운하를 따라
푸른 숲이 어우러진 한적한 산책길에서
구시가지의 번잡함을 벗어나 잠시 쉬어갈 수 있다.

리가 자유 기념비 Brīvības Piemineklis, Freedom Monument

1935년에 완공된 높이 42m의 기념비다. 1918년에서 1920년까지의 라트비아 독립전쟁에서 생명을 잃은 군인들을 추모하는 기념비로, 라트비아의 자유와 독립 주권을 상징한다.

리가 트램

리가는 트램이 발달돼 있어 트램 1일권(5€)으로 구시가지뿐 아니라 20세기 초 유행한 아르누보 양식의 건물이 늘어선 번화가 한가운데까지 관광할 수 있다. 시내 곳곳을 트램을 타고 무작정 돌아보는 재미가 있다. 다만 배차 간격이 짧은 노선을 이용해야 효율적으로 다닐 수 있다.

트램을 타고 가며 볼 수 있는 다양한 건축양식의 시가지 번화가

호텔 | City Westa Hotel VIESNIKA

버스터미널에서 5분 거리에 있는 2성급 호텔로, 중앙시장이 바로 옆에 있고 구시가지도 도보로 10~15분 정도다. 도착해서 보니 약간 허름한 호스텔 같은 느낌이지만 객실도 욕실도 깔끔하고 2층은 다락방 컨셉이라 나름 재미있다. 3, 4성급 호텔은 버스터미널 건너편 구시가지 입구 쪽에 많이 있으니 예산에 맞추어 검색해 보자.

Wellton Centrum Hotel&SPA(4성급 평점 4.3)
Wellton Riga Hotel&SPA(4성급 평점 4.3)
AVALON HOTEL&Conferences(4성급 평점 4.5)

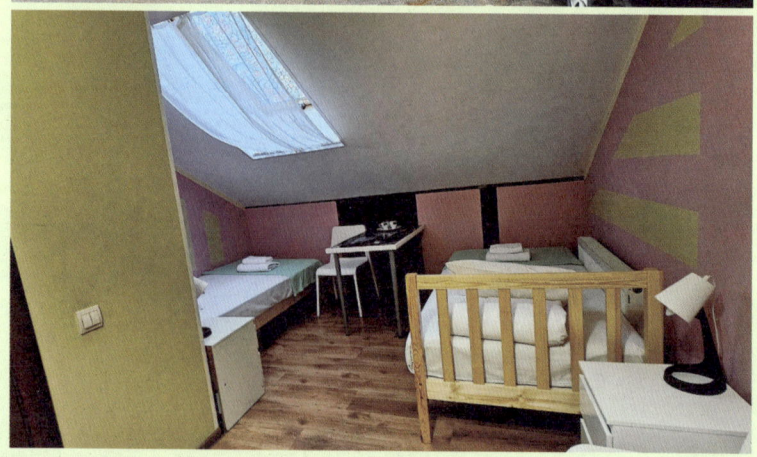

레스토랑 | Melna Bite

구시가지 골목에 자리 잡은 구글 평점 4.5의 라트비아 전통 음식점이다. 발트해 빙어 튀김과 오리 콩피, 감자 요리에 생맥주가 잘 어울리는 저녁 식사를 즐길 수 있다.
2인 예산 44.5€

Ķemeru
Nacionālais Parks
체메리 국립공원

1997년에 국립공원으로 지정된 습지로 라트
비아에서 세 번째로 큰 381㎢의 넓은 공원
이다. 숲이 57%의 면적을 차지하고 습지가
24%를 차지한다. 여러 유형의 습지와 여러 종
의 식물과 이끼, 난초가 자라고 있어 국제적으
로 중요한 람사르 습지로 등록돼 있다. 2차 세
계대전 때는 수많은 탱크가 이곳을 지나가다가 2층 깊이의 늪에 빠져서 매몰됐다고 한다.
공원의 6%는 습한 초원이 차지하고, 호수, 강, 유황천, 바다 등 물이 공원의 10%를 차지한다. 공
원 내에 30여개의 유황 온천도 있다. 늪지에는 두루미, 나무도요새, 유럽황금물떼새 같은 다양
한 조류가 서식하고 있어 탐조하는 재미도 있다.
여러 코스의 자연 산책로와 나무 데크 산책로가 있으며. 그레이트 체메리 늪지(The Great
Ķemeri Bog)에 있는 짧은 산책로(1.4㎞)와 조금 긴 산책로(3.4㎞)가 가장 인기 있다. 전망대에서
는 늪지대만의 독특한 일출과 일몰을 찍을 수 있다.
교통편: Riga 중앙역 → Sloka 기차 50분 → Sloka stacija역 → Meza maja 버스 12분 → Ķemeri National
park까지 도보 5분

Transportation

리가에서 빌뉴스까지 플릭스버스

리가에서의 일정을 마치고 리가 버스터미널에서 11시 10분에 출발하는 빌뉴스행 플릭스버스를 탔다. 약 4시간 30분을 달려서 오후 3시 45분에 리투아니아의 수도 빌뉴스 버스터미널에 도착했다. 리가에서 빌뉴스까지의 풍경도 탈린에서 리가처럼 끝없는 지평선과 평원뿐이다. 아마 발트 3국 지형의 특징인 것 같다.

리가 → 빌뉴스 버스 요금 1인 11€

📍 리가의 다른 명소들

- **리가 KGB 박물관** 과거 소련의 KGB 본부로 사용됐던 곳
- **라트비아 점령 박물관** 2차 세계대전과 소련 점령 시기의 비극적인 역사를 보여주는 박물관
- **리가 자동차 박물관** 라트비아 정부 소유의 클래식 카 박물관
- **리가 파노라마 전망대** 높이 368.5m의 소련 시대의 역사적 건물

Vilnius

리투아니아의 수도 빌뉴스

빌뉴스는 원래 발트인들이 정착해 살던 곳이었다. 1323년에 리투아니아공국의 게디미나스 (Gediminas) 대공이 성을 건설하며 본격적으로 자리 잡았으며 1795년 폴란드-리투아니아 연방의 분할로 러시아제국에 합병됐다. 1차 세계대전 중에는 독일에, 종전 후에는 폴란드에, 다시 소비에트연방으로 넘어갔다. 이후에도 리투아니아, 폴란드, 소비에트연방 내의 리투아니아 인민공화국의 수도로 바뀌는 등 혼란을 겪었다.

1990년에 소련이 해체되자 1991년에 독립을 선언하며 새로운 민주주의 국가로 탄생한 리투아니아 공화국의 수도가 됐다. 네무나강의 지류인 빌리아강의 양안에 위치해 빌뉴스라는 이름이 유래됐으며, 빌리아는 '잔물결'이라는 뜻의 리투아니아 방언이다.

면적: 401㎢(서울의 2/3 정도)

인구: 약 60여만 명(리투아니아인 60%, 폴란드인 20%, 러시아인 17%)

*2차 세계대전 이전에는 유대인이 30~40%를 차지했으나 나치의 홀로코스트 만행으로 거의 사라지고 말았다.

교통: 버스, 트롤리 버스(무궤도 전차) 30분 1€, 60분 1.25€, 1일 7.5€, 3일 13.5€

*빌뉴스는 둥유럽의 다른 도시와 달리 트램 없고 무궤도 전차(트롤리 버스)와 시내버스가 주요 교통수단이다.

일반 버스와 트롤리 버스

구시가지는 중앙역과 붙어 있는 버스터미널에서 도보로 10~15분 거리부터 시작되기 때문에 숙소를 근처에 잡으면 편하다. 빌뉴스에서는 머무는 동안 계속 비가 내리고 캐리어 바퀴까지 울퉁불퉁한 돌길을 견디지 못해 떨어져 나가 시간을 허비하다 보니 중요한 랜드마크만 겨우 돌아보았다.

최근 러시아와 우크라이나의 전쟁으로 점차 위기감을 느끼고 있는 리투아니아도 시내버스 앞 전광판에 우크라이나를 응원하는 문구를 내보내고 있다.

빌뉴스 구시가지 Vilnius Old Town

3개의 십자가 언덕에서 내려다보이는 구시가지 전경이 아름답다.

게디미나스 성탑 Gedimino Pilies Bokštas, Gediminas's Tower

14세기 리투아니아 대공 게디미나스가 건설을 시작한 목조 요새로, 1409년에 비타우타스 대공이 벽돌성으로 완공했다. 수세기를 거치면서 보수와 개축이 이루어졌으며 1933년에 폴란드 건축가 얀 보로포프스키에 의해 성탑이 재건됐다.

빌뉴스 대성당 Vilniaus Šv. Vyskupo Stanislovo Ir Šv. Vladislovo Arkikatedra Bazilika, Vilnius Cathedral

공식 명칭은 성 스타니슬라우스와 성 라디슬라우스 대성당으로, 리투아니아 대공 궁전과 나란히 있다. 1251년 리투아니아의 민다우가스 왕이 가톨릭으로 개종하며 최초로 건설했다고 전해진다. 수세기 동안 끊임없는 화재와 전쟁을 겪으며 여러 차례에 걸쳐 재건과 개축이 반복됐다. 심지어 소련 점령 시절에는 창고로 개조되기도 했다. 1990년에 소련으로부터 독립 후 본격적으로 복원 공사를 진행해 오늘날의 모습으로 탄생했다.

개관 시간: 07:00~18:00(월~토. 일 미사)
입장료: 무료

리투아니아 대공 궁전

Lietuvos Didžiosios Kunigaikštystės Valdovų Rūmai Vilniaus Žemutinėje Pilyje,
Palace of the Grand Dukes of Lithuania

빌뉴스 대성당과 나란히 위치해 있다. 15세기 리투아니아 대공과 연방국인 폴란드 왕들을 위해 건설됐다. 리투아니아 대공국뿐 아니라 폴란드-리투아니아 연방의 정치, 행정, 문화의 중심 역할을 하며 번성했다. 폴란드-리투아니아 연방이 해체되며 1801년 러시아 제국에게 점령당한 이후 대부분 철거됐다. 1990년 소련으로부터 독립한 이후 빌뉴스 대성당과 함께 20여년간 대대적인 복원 공사를 진행해 2018년 7월에 공개됐다. 궁전 앞에 칼을 든 게디미나스 대공의 동상이 서 있다.

개관 시간: 10:00~18:00(일 16:00, 목 20:00까지. 월 휴관)
입장료: 11.5€

새벽의 문 Aušros Vartai, Gate of Dawn

1503년부터 1522년까지 건설한 빌뉴스 요새 성벽의 일부로 9개의 문 중 8개는 1799년에 러시아에 의해 철거됐으나 2층 성당에 있는 검은 성모 마리아 상이 많은 기적을 일으킨다고 전해져 새벽의 문은 유일하게 보존됐다. 문 바로 위 2층의 가운데 큰 창문을 통해서 기적의 검은 성모 마리아 상을 볼 수 있다.

검은 성모 마리아의 기적에 관해서는 많은 이야기가 전해지는데, 처음 싱딩이 지어진 해인 1671년에 두 살짜리 아이가 2층에서 돌길로 떨어져 심하게 다쳤다. 아이의 부모는 간절한 마음으로 성모님께 기도를 바쳤고 다음 날 아이가 완쾌됐다고 한다. 1702년 전쟁 중에는 빌뉴스가 스웨덴군에 의해 점령되고 개신교인 스웨덴 군인들이 이 그림을 조롱하고 한 군인이 그림에 총을 쏘기도 했다. 하지만 부활절 전날, 무거운 철문이 무너져 스웨덴 군인 2명은 즉사했고 2명은 부상으로 사망했다. 다음 날인 부활절에는 리투아니아군이 성문 근처에서 반격해 도시를 탈환할 수 있었다. 그때의 총알 구멍이 오른쪽 소매에 남아 있다. 이외에도 수많은 기적과 치유가 이루어진 곳으로 인정받으며 중요한 가톨릭 순례지가 됐다. 특히 이웃한 폴란드에서도 많은 가톨릭 순례자들이 방문하고 있다. 새벽의 문 근처에는 다양한 건축양식의 여러 성당이 있다.

성 테레사 성당은
새벽의 문 바로 앞에 있다.

올 세인츠 성당

3개의 십자가 언덕 Trys Kryžiai, Three Crosses

칼나이 공원 언덕 위에 있다. 16세기 초, 아직 가톨릭이 뿌리내리기 전 이곳에 선교하러 온 프란치스코회 수사들이 리투아니아 민간 신앙의 신들을 욕하자 분노한 사람들이 수도원을 불태우고 7명을 이 언덕에서 참수했다는 이야기가 전해지고 있으나 확실하지는 않다. 이후 순교한 프란치코회 수도사들을 추모하고 기념하기 위해 1649년 나무십자가 3개를 세웠으나 세월이 지나 나무가 썩으며 1869년 끝내 무너졌다. 당시 빌뉴스를 지배하고 있던 러시아는 재건을 허용하지 않았다. 1916년에 철근 콘크리트로 만든 십자가가 세워졌고, 1950년 당시 점령하고 있던 소련에 의해 철거되는 수난을 겪다가 독립 이후 1989년에야 조각가 스타니슬로바스 쿠즈마가 3개의 십자가를 세웠다. 3개의 십자가 언덕에서는 빌뉴스 시내 전경이 한눈에 내려다보인다.

우주피스 공화국 Uzupis Republic

1997년 4월 1일 만우절에 우주피스 지역에 살고 있는 예술가들이 만우절 퍼포먼스로 우주피스 공화국을 선포하며 시작됐다. 대통령은 시인이자 영화 감독인 토마스 릴레이키스이고, 내각, 화폐, 국기도 제정해 세계 23개국 언어로 쓰여진 우주피스 공화국 헌법도 존재한다. 한글로 번역된 헌법도 전시돼 있다. 하지만 모든 것은 비공식적이며 대외적으로는 인정되지 않았다. 세계 각국에 500여명의 대사를 임명하고 매년 4월 1일 국경일 기념 행사 전날에 우주피스에서 모여 세계회의를 개최한다. 우주피스는 리투아니아어로 강 건너편을 의미한

다. 빌리아강 건너에는 약 7,000명의 주민이 살고 있으며 그중 1,000여명이 예술가다. 2002년 4월 1일 나팔을 불고 있는 천사의 동상이 메인 광장에 설치됐다.

구시가지에서 우주피스 공화국까지 길을 따라가면 예술적 감각이 넘치는 골목과 더불어 칼나이 언덕 기슭에 숲과 개울이 어우러지는 산책로를 지난다. 마지막으로 계단을 올라가면 3개의 십자가 언덕에 다다른다.

우주피스 천사상

손바닥이 새겨진 우주피스 공화국 국기가 나부낀다.

각국 언어로 적힌 우주피스 공화국 헌법

모든 사람은 ...
가질 권리가 있다
모든 사람은 죽을 수 있는 권리를 가지나,
모든 사람은 실수할 권리를 가진다.
모든 사람은 유일한 존재가 될 권리를 가진
모든 사람은 사랑될 권리를 가진다.
모든 사람은 사랑 받지 않을 권리를 가지니
모든 사람은 인기가 없어도 되고 다른 사람
가진다.
. 모든 사람은 게으르거나 아무것도 하지 않
0. 모든 사람은 고양이를 사랑하고 돌볼 권리
1. 모든 사람은 개가 죽을 때까지 돌볼 권리를
2. 개는 개로서 존재할 권리를 가진다.
13. 고양이는 자기 주인을 절대적으로 사랑할
어려운 순간에는 꼭 도와 주어야 한다.
14. 모든 사람은 가끔 자신의 의무에 대해 알기
가진다.
15. 모든 사람은 의심할 권리가 있으나, '이것이
16. 모든 사람은 행복할 권리를 가진다.

한글로 번역한 헌법이 눈길을 끈다.

낡은 건물을 그래피티로 장식한
빌뉴스 시가지의 또 다른 모습

호텔 | Stay Vilnius

버스터미널(기차역)에서 도보로 5분 거리에 있는 아담한 3성급 호텔로 길가의 베이커리 안쪽에 있어서 주차장 쪽 출입구를 이용한다. 리셉션이 있지만 무인으로 운영할 때는 예약앱을 통해 현관 비밀번호와 객실번호와 비밀번호 등을 알려준다. 객실은 깔끔하게 리뉴얼이 됐고 싱글룸부터 더블, 트윈, 트리플 등 인원 수에 따라 다양한 객실이 준비돼 있다. 베이커리의 향긋한 빵 냄새가 미각을 자극한다.

레스토랑 | GLORIA

구글 리뷰에서 5점 만점에 가까운 호평을 받는 빌뉴스 현지 맛집이다. 특히 생선 요리가 유명해 농어 필레, 라비올리를 넣고 진하게 끓여낸 양파 수프로 리뷰 평점 4.8의 맛을 느껴보았다.

2인 예산 57€

⊙ 빌뉴스에서 가볼 만한 다른 곳

- **빌뉴스 KGB박물관** 소련 시절 KGB의 만행을 보여주는 박물관
- **빌뉴스 대학교** 발트 연안 대학중 가장 오래된 대학 중 하나
- **빌뉴스 국립 미술관** 리투아니아를 대표하는 국립 미술관
- **빌뉴스 착시 박물관** 착시 효과를 활용한 작품을 모아놓은 박물관

Trakai

리투아니아 공국의 옛 수도 트라카이

트라카이는 리투아니아 대공국 초기인 1321
년부터 1323년까지 2년이라는 짧은 기간 동
안 리투아니아 대공국의 수도였다. 지금은
트라카이 성으로 유명해진 인구 5,000여명
의 작은 관광 도시다. 빌뉴스에서 서쪽으로
28km 떨어져 있으며 버스(요금 4€)나 기차(요
금 2.8€)로 약 30분 정도 걸린다. 버스터미널
에서 갈베 호수에 있는 트라카이 성까지는 도

보로 20분, 트라카이역에서 트라카이 성까지는 도보로 30분 정도 소요되므로 한 번은 버스로,
한 번은 기차를 타는 것도 재미있다. 리투아니아 전통가옥과 성당이 줄지어 있는 도로를 따라 걷
거나 호숫가 산책로를 따라서 걸어갈 수 있다.

트라카이 성으로 가는 길가의
리투아니아 전통가옥들

트라카이 성 Trakų Salos Pilis, Trakai Island Castle

14세기 케스투티스 대공이 갈베 호수의 3개의 섬 중 가장 큰 섬에 건설을 시작했다. 3단계의 공사를 거치며 1430년에 그의 아들 비타우타스 대공이 완공했다. 17세기 모스크바 대공국과의 전쟁으로 크게 파괴돼 수세기가 지난 1961년에야 복원 공사가 마무리됐다. 로마네스크양식과 고딕양식을 가미한 붉은 벽돌이 푸른 호수와 대비를 이루며 강렬하고 아름다운 자태를 뽐낸다. 성의 내부 관람보다는 성을 둘러싼 호숫가를 산책하며 성 주변의 아름다운 경치를 즐기는 사람들이 더 많은 듯하다.

개관 시간: 10:00~18:00
입장료: 12€

성으로 이어지는 목조 다리 위가 촬영 스팟이다.

트라카이에서 빌뉴스로
돌아가는 기차

빌뉴스 중앙역 광장과 역 내에 설치된 기이한 모습의 거인상은
리투아니아의 아티스트가 만든 것.
모델은 미국 HBO에서 제작한 마피아 드라마 〈소프라노스〉의 주인공
토니 소프라노스라고 한다.

Šiauliai

십자가 언덕이 있는 샤울랴이

폴란드-리투아니아 연방이 해체돼 리투아니아는 1795년부터 러시아의 지배를 받게 되었다. 러시아에 대항해 1831년과 1863년에 걸쳐 2차례의 봉기를 일으켰으나 실패하며 많은 희생자가 발생했다. 리투아니아가 1918년에 독립한 이후 독립전쟁의 희생자를 추모하기 위해 이 언덕에 십자가를 봉헌했는데, 2차 세계대전 중 리투아니아를 침략한 소련이 3차례나 불도저로 철거하려고 했다. 5만여 개가 넘는 것으로 추정되는 십자가 외에도 예수 수난 조각상, 성모 마리아 조각상, 묵주 등 가톨릭 순례자들의 봉헌이 지속적으로 이루어지는 순례지가 됐다. 1993년에 샤울랴이 십자가 언덕을 방문한 교황 요한 바오로 2세는 이곳을 희망, 평화, 사랑, 희생자를 위한 곳이라고 선포했다.

샤울랴이 십자가 언덕 Kryziu Kalnas, Hill of Crosses

리투아니아 북부 도시 샤울랴이에서 북쪽으로 약 12㎞ 떨어져 있는 곳으로, 대부분 패키지 여행으로 방문하거나 렌터카를 이용한다. 빌뉴스에서 대중교통으로 가기에는 교통편이 어려워서 라트비아의 리가에서 빌뉴스로 오는 길에 샤울랴이로 가서 하루를 머물며 십자가 언덕을 둘러보는 것이 그나마 수월하다.

교통편 리가 → 샤울랴이 버스 2시간 10분(3시간 간격), **샤울랴이 → 타우티니아이**(Tautiniai) 버스 15분(3시간 간격) + 도보 2km, **샤울랴이 → 빌뉴스** 기차 2시간 10분

Poland

폴란드

Poland
폴란드

면적: 312,679㎢(한반도 면적의 약 1.5배, 남한 면적의 3배)
인구: 약 3,850만 명(유럽 국가 중 8위, EU국가 중 5위, 폴란드인 97%)
종교: 93%가 가톨릭을 믿는 유럽의 대표적인 가톨릭 국가
화폐: 즈워티(PLN-zł) 1zł =약 380원

폴란드는 중세 때인 1025년 슬라브계 폴인들이 폴란드왕국을 건설하며 시작됐다. 1569년 리투아니아와 합병해 폴란드-리투아니아 연방을 세웠다. 16, 17세기에는 나폴레옹과 히틀러도 실패했던 모스크바까지 침공해 2년 동안이나 점령할 정도로 중동부 유럽의 강대국으로 전성기를 구가했다. 그러나 귀족들이 국왕을 선출했기에 강력한 왕권을 유지하지 못했고 세계사에서 일명 '대홍수(Potop)'라고 불리는 스웨덴을 비롯한 주변 강국들의 잇따른 협공으로 급격히 쇠퇴해 갔다. 18세기 이후에는 러시아, 프로이센의 침략으로 영토를 분할 점령당했다. 끝내 1795년 러시아, 프로이센, 오스트리아에 의한 3차 영토 분할로 멸망해 100여년간 세계 지도에서 사라진 국가가 됐다.

1918년 1차 세계대전이 끝나고 베르사유 조약으로 다시 독립했으나 1939년 9월 1일 나치 독일의 침공으로 발발한 2차 세계대전으

로 영토 절반을 독일에게 점령당했다. 독소불가침 조약의 비밀 협약에 따라 나머지 영토는 9월 17일 침공한 소련에게 점령당했다. 특히 소련군은 폴란드 포로 중 고위 장교들과 지도층 인사들을 소련 국경 부근 카틴숲에서 학살해 암매장히는 만행을 저질렀다. 이 사건은 1943년 소련으로 진격하던 독일군에 의해 암매장된 시신 4,100여구가 발견되며 전 세계에 알려졌으나 소련의 부인과 미국, 영국 등 연합국의 침묵으로 묻혀졌다. 폴란드의 민주화 이후 재조사를 실시해 스탈린의 지시로 소련 비밀경찰 NKVD(KGB 전신)가 저지른 만행으로 밝혀져 고르바초프 러시아 대통령이 사과했다. 폴란드는 독일, 소련의 침공으로 약 600만 명이 희생을 당했다.

폴란드 정부는 독일의 침공 이후 영국에 폴란드 망명정부를 세우고 약 20만 명의 폴란드 망명정부군이 연합군의 일원으로 참전해 용맹을 떨치며 싸웠다. 하지만 2차 세계대전이 끝나고 연합국의 일원인 소련의 압력으로 망명정부는 인정받지 못했고 끝내 소련의 간섭으로 세운 공산국가인 폴란드 인민공화국이 수립됐다.

다만 2차 세계대전 후 패전국 독일의 영토 분할 과정에서 폴란드의 넓은 영토가 서유럽과의 완충지대 역할을 해주기를 기대하는 소련의 욕심으로 그단스크와 브로츠와프 등 독일의 동부 지역을 폴란드

로 대거 편입시키고 그 지역에 살던 독일인 약 500만 명을 독일로 추방했다. 결과적으로는 이전보다 더 넓은 영토를 되찾게 되고 폴란드인들로 구성된 민족국가를 이루게 됐다. 그리하여 냉전 시대에는 서유럽 국가들의 동맹인 NATO(북대서양 조약기구)에 대항하는 동유럽 공산국가들의 동맹 바르샤바 조약기구의 주축국이 됐다.

소련의 위성국가였던 폴란드는 공산독재정권의 거듭된 실정으로 1980년대에 들어와 경제가 악화되고 사회가 불안정해졌다. 그단스크 조선소의 노동자였던 레흐 바웬사가 주도한 '독립자치노동조합연대(자유노조)'가 탄생해 자유를 향한 시위가 연일 계속됐다. 1978년에는 폴란드 출신 요한 바오로 2세가 264대 교황으로 선출돼 폴란드 국민들에게 새로운 정신적 지주의 역할을 하면서 민주화의 대한 거대한 열망이 불붙게 됐다. 마침내 자유선거를 통해 레흐 바웬사가 대통령으로 당선되면서 폴란드 공산당이 해체되고 폴란드의 민주화를 이루며 도미노처럼 동유럽 공산국가들의 붕괴를 가져오는 방아쇠가 됐다. 1999년에는 NATO에 가입하고, 2004년 EU에도 가입했다.

최근에는 우크라이나 전쟁 이후 러시아의 위협에 대응해 한국에서 K9 자주포, K2 전차, FA-50 경전투기 등 수십조 원의 방산 무기를 사들이며 NATO의 최전방 국가로서 서유럽의 방패 역할을 하고 있다. 냉전 시대에는 소련 주도 바르샤바 조약기구의 주축이었던 폴란드가 이제는 NATO의 최전방 국가로 러시아와 맞서는 것을 보며 새삼 역사의 아이러니를 느낀다.

 폴란드의 주요 국제공항에는 폴란드 출신 세계적인 인물들의 이름이 붙어 있다.
- 바르샤바 공항-프레드릭 쇼팽 국제공항
- 크라쿠프 공항-성 요한 바오로 2세 국제공항
- 브로츠와프 공항-코페르니쿠스 국제공항
- 그단스크 공항-레흐 바웬사 국제공항

Transportation

리투아니아 빌뉴스에서 오전 8시 35분에 출발한 플릭스버스는 장장 9시간을 달려 오후 5시 40분에 그단스크 버스터미널에 도착했다. 이 버스는 빌뉴스에서 출발해 그단스크뿐 아니라 독일의 베를린을 거쳐 프랑스 파리까지 가는 장거리 국제 버스다. 폴란드 국경을 넘어서니 발트 3국 내내 펼쳐지던 평원이 끝나고 언덕과 산이 보이기 시작한다. 플릭스버스는 대부분 연두색이지만 로고만 연두색인 플릭스버스도 있다.

버스 요금 1인 34.5€

Gdańsk

Poland

발트해 연안 폴란드 최북단 도시 그단스크

그단스크는 10세기 경에 건설돼 한자동맹 주요 도시로 번성했다. 1793년 폴란드가 분할되며 독일제국의 전신인 프로이센 왕국의 영토로 편입된 이래 1919년까지 서프로이센의 주도였다. 1차 세계대전 이후 베르사유 조약에 따라 독일제국에서 분리돼 단치히(Danzig) 자유시로 바뀌었고 각종 제조업과 조선업이 발전했다. 1933년 히틀러의 나치당이 의회를 장악하고 그단스크의 반환을 요구했으며 결국 그단스크항과 성을 포격하며 폴란드를 침공

해 2차 세계대전이 발발하게 됐다. 2차 세계대전 이후 150여년 만에 폴란드로 다시 귀속돼 폴란드 조선업의 중심 도시로 발전했으며 1980년부터 시작된 폴란드 민주화 운동의 발상지가 됐다.

면적: 262㎢(서울 면적의 43%)
인구: 약 47만 명
대중교통: 트램, 버스 1회용 4.8zł, 75분용 6zł, 1일권 22zł

그단스크 구시가지 Gdansk Old Town

그단스크는 조선업이 발달한 공업 도시라는 선입견이 있어서 큰 기대를 하지 않고 여행을 준비했지만 막상 다녀오니 가장 인상 깊었던 도시 중 하나가 됐다. 발트해의 무역 거점 도시인 그단스크는 여러 차례 폴란드와 독일로 넘어갔다 돌아오는 과정을 거쳤다. 그로 인해 다른 유럽 도시와는 확연히 다른 독특한 건축양식이 인상적이었다. 매력적인 항구도시의 분위기 덕분에 언제나 유럽 각지에서 온 관광객들로 넘쳐난다.

그단스크 글로우니 기차역 Gdańsk Główny, Gdansk Glowny Railway Station

1894년 착공해 1900년에 완공된 그단스크의 중심 철도역이다. 성당으로 착각할 만큼 아름다운 역이다. 건설 당시 독일제국의 영토였던 프랑스의 알자스 지방의 콜마르역과 같은 디자인으로 건설됐다. 1945년 화재로 건물이 불탔으나 다행히 탑은 피해를 입지 않아 2차 세계대전 후 지금의 모습으로 복구됐다. 휴양 도시 소포트(Sopot)행 기차를 이곳에서 탄다.

목조 크레인과 마리아츠카 문 Żuraw Gdański&Brama Mariacka, Crane Gate and City gate

그단스크의 대표적인 랜드마크로 15세기 중세 유럽에서 가장 크고 오래된 목조 건물이었다. 마리아츠카 거리로 들어가는 도시의 문과 항구의 크레인 두 가지 기능을 가지고 있었다. 내부 박물관에는 당시의 항해술과 교역 품목, 조선술, 항구의 선술집 등에 대해서 알려주는 자료들이 전시돼 있다. 중세 시대에 6m의 트레드밀로 만들어진 강력한 목조 크레인의 메커니즘이 놀랍다.

개관 시간: 10:00~18:00(수 13:00~18:00) *사전 확인 필요

입장료: 박물관 25zł, 크레인 + 해양문화센터 44zł, 크레인 + 해양문화센터 + 박물관 75zł

옛 무기고 Wielka Zbrojownia, Great Armoury

16세기 말 스웨덴의 침략에 대비하기 위해 무기를 보관한 특수 무기고다. 네덜란드 건축양식인 붉은 벽돌로 지었으며 사암과 금으로 장식했다. 역시 2차 세계대전 중 크게 파괴됐고 1945년 이후 재건했다. 지금은 그단스크 순수 미술대학 건물로 사용되고 있다.

드우가(Dluga) 거리는 구시가지의 중심으로 상점과 식당, 카페들이 길게 늘어서 있는 롱 마켓 거리로 이어진다.

황금의 문
Brama Zlota, Golden Gate

르네상스 시대인 1614년에 네덜란드풍으로 건축한 문으로 흰색의 외벽이 깔끔하면서도 화려하다. 2차 세계대전 당시 소련의 포격으로 일부가 손상됐으나 1957년 수리했다. 1990년대에 성문에 새겨진 시편 122편 독일어 원본이 복원됐다.

녹색의 문 Brama Zielona, Green Gate

롱 마켓과 드우가 거리에 걸쳐 있으며 1571년 폴란드 왕의 공식 거주지로 건설됐다. 지금은 그단스크 국립박물관이 있다.

그단스크 대성당 Bazylika Mariacka, St. Mary's Church

1502년 벽돌로 지어진 후기 고딕양식의 가톨릭 성당으로 2만 5,000명을 수용할 수 있는 세계에서 가장 큰 3대 벽돌 성당 중 하나다. 성모 마리아 대성당이라고도 부른다. 16세기 루터의 종교개혁 이후 1536년부터 1572년까지는 루터교와 함께 사용하기도 했으나 이후 독일 지역과 북유럽 대부분의 성당처럼 루터교회로 바뀌었다. 2차 세계대전 후 그단스크가 폴란드의 영토로 귀속되자 폴란드 정부는 성당을 그단스크 가톨릭 교구로 이관하고 본격적인 복구에 착수해 1955년 재건됐다. 성당 내부는 고딕, 르네상스, 바로크 시대의 작품들로 장식돼 있다.

2차 세계대전 추모 공원 Westerplatte

소련과 독소불가침조약을 체결한 독일군은 폴란드군의 공격을 받았다며 자작극을 벌인 후 이를 빌미로 1939년 9월 1일 새벽 4시 30분에 그단스크를 침공했다. 친선 우호 방문을 명분으로 그단스크항에 정박 중이던 독일 전함 슐레스비히 홀슈타인이 11인치 함포로 그단스크 요새를 포격하고, 대기하던 독일군이 그단스크에 상륙하며 2차 세계대전이 시작됐다. 이를 잊지 않고 추모하기 위해 세운 2차 세계대전 야외 박물관이다. 무너진 건물 잔해, 기록 사진과 함께 희생자를 추모하는 기념탑이 그단스크항을 무심히 내려다보고 있다. 시내에서 멀리 떨어져 있어 시내버스 106번, 138번, 606번을 타고 가서 Westerplatte 01 정류장에서 내려 5분 정도 걸어가야 한다. 돌아오는 버스 시간을 미리 확인하자.

폴란드군 200여 명이 독일군 3,500명에 맞서
일주일간 장렬하게 싸웠던 베스터 플라테 전투를 기억하는 곳이다.
독일군의 공격으로 폐허가 된 건물과 벙커 잔해,
나치의 침략과 만행을 기록 사진으로 전시해 놓았다.

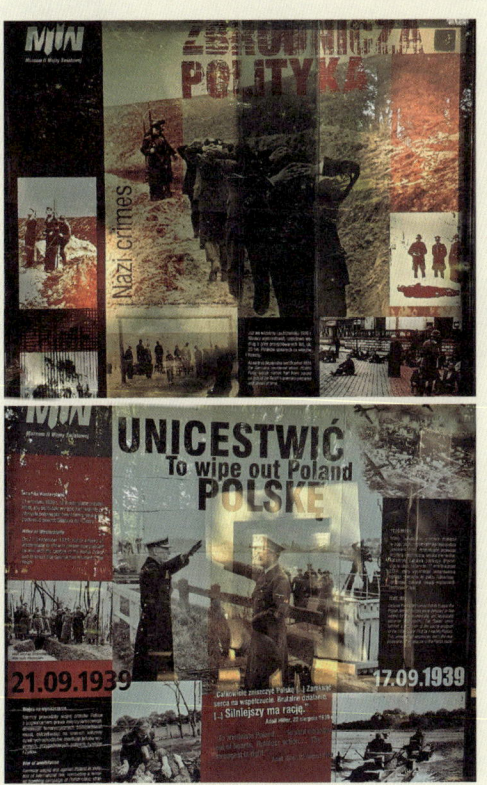

2차 세계대전 박물관
Muzeum II Wojny Światowej, Museum of the Second World War

2차 세계대전 추모 공원과 함께 많은 사람이 찾는 박물관이다. 2017년 개관한 곳으로 현대 건축상을 수상할 만큼 독특하게 기울어진 모습의 주황색 건물이 그단스크의 대표적인 명소다. 구시가지와 가까워 방문하기 용이하다. 폴란드는 독일뿐 아니라 연합군이었던 소련으로부터도 큰 피해를 입은 나라다. 이탈리아, 일본 등 추축국들의 만행과 네덜란드, 노르웨이, 한국 등의 피해 상황도 설명하고 있으며 한국인 위안부 김순덕 할머니의 그림도 소장하고 있다.

개관 시간: 10:00~18:00(하절기 21:00)
입장료: 23zł

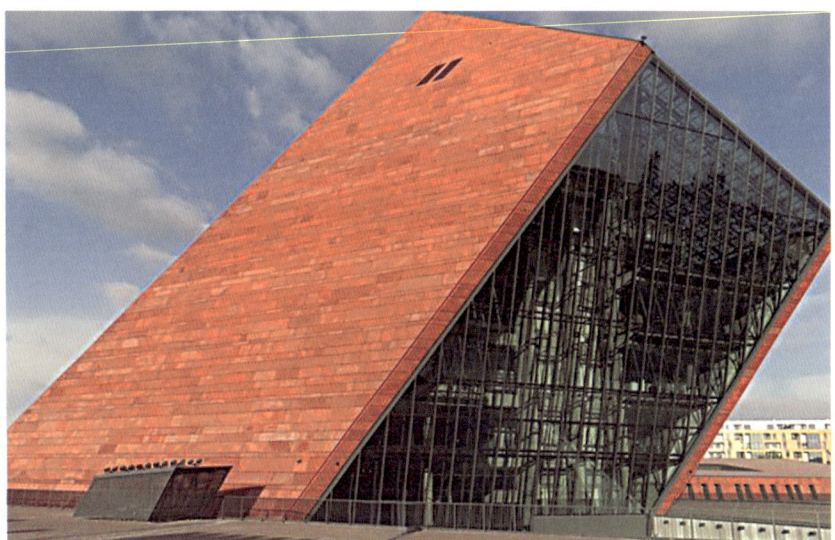

숙소 | VINTAGE ROOM

그단스크 버스터미널에서 도보 10분 거리의
숙소를 찾다 보니 호텔은 15~25만 원 이상이
라 리뷰가 괜찮은 공유 숙박 시설인 VINTAGE
ROOM을 예약했다. 빈티지라는 이름과 달리
방 3개짜리 24평 고층 아파트에 작은 발코니
가 있는 방 1개, 공용 욕실과 거실을 사용하는
곳이다. 방이 작고 욕실을 공용으로 사용해 조
금 불편하지만 시설은 깔끔하다.

엉터리 한식을 파는 중식당 | LEE(李)'s CHINESE　　!!주의 요망

숙소 근처에는 케밥집 외에는 저녁을 먹을 만
한 식당이 이곳밖에 없어 유럽의 중식당에 가
면 늘 먹던 새우볶음밥과 어향가지를 먹을 생
각으로 방문했다. 메뉴를 보니 중식은 거의
없고 비빔밥과 불고기 덮밥 같은 한식 메뉴만
있는게 아닌가. 혹시나 싶어 비빔밥과 불고기
덮밥을 시켰는데 오이무침, 숙주, 당근채, 김
치에 달걀프라이가 올라가 있어 보기에는 그

럴듯했다. 하지만 고추장과 춘장이 뒤섞인 엄청나게 짠맛 때문에 도저히 먹을 수가 없
었다. 불고기 덮밥 역시 춘장인지 뭔지 알 수 없는 소스가 너무 짜서 공기밥을 주문해 겨

우 허기만 달랬다. 계산서를 보니 130zł로, 다음
날 구시가지의 분위기 좋은 노천 레스토랑과 비교
해 보니 40% 이상 비싼 가격이었다.

시내 곳곳에 있는 일식당(여기서는 스시바)에서도
비빔밥과 불고기 덮밥을 꽤 비싸게 팔고 있는데
그 메뉴 사진 대부분이 이 식당과 비슷한 수준이
었다. 해외에서는 한국인이 조리하거나 운영하는
식당이 아니라면 절대 한식을 주문하면 안 된다는
걸 다시 한번 느꼈다.

엉터리 비빔밥과 불고기 덮밥
(공기밥까지 포함해 약 5만 원)

폴란드식 만두 피에로기와 폴란드식 굴래시

구시가지 노천 레스토랑에서 폴란드의 대표적인 생맥주 티스키에(TYSKIE)와 함께 폴란드식 전통 만두 피에로기(Pierogi)와 굴래시(Gulasz)로 간단한 저녁 식사를 즐겨보자. 호텔비 외에는 비교적 물가가 저렴한 편이라 큰 부담 없이 노천 레스토랑에서 식사를 즐길 수 있다.

2인 예산 94zł

Sopot

발트해 연안의 휴양 도시 소포트

그단스크에서 서쪽으로 약 20~30분 거리에 있는 휴양 도시 소포트는 발트해의 아름다운 바다를 끼고 있는 인구 4만 명의 작은 도시다. 그단스크뿐 아니라 각지에서 온 관광객들로 언제나 북적거린다.

소포트는 18세기까지 폴란드 영토였으나 이후 프로이센 왕국으로 편입돼 19세기부터 발트해의 관광지로 발전했다. 20세기 초에는 독일 황제 빌헬름 2세도 방문했으며 2차 세계대전 후에도 전쟁의 폐허를 딛고 발트해 최고의 휴양지로 자리매김했다. 유럽에서 가장 긴 관광 부두가 유명하고 여름 끝무렵에는 유로비전에 버금가는 인터비전(소포트 국제음악 페스티벌)이 개최된다.

그단스크 글로니역에서 수시로 떠나는 기차로 25분이면 갈 수 있어 해수욕을 안 한다면 반나절 일정으로도 충분하다.

소포트행 기차 요금 왕복 9.75zł.

소포트역에서 내려 인파에 휩쓸려 5분 정도 걷다 보면 해변가에 도착할 정도로 번화가는 작은 편이다.

크시비 도메크 뮤지엄 Krzywy Domek Museum, Crooked House

2004년에 약 4,000㎡ 규모로 건설된 리지덴트 쇼핑센터의 일부로 얀 마르친 샨체르와 페르 달베리의 동화 같은 삽화에서 영감을 받아 건축됐다. 해변으로 가는 길가에 있으며 일명 '삐뚤어진 집'이라고도 불린다. 마치 바르셀로나의 구엘 공원이나 빈의 훈데르트바서 하우스를 보는 듯하다. 여름철에는 잎이 무성한 아름드리 나무에 가려져 잘 보이지 않아 그냥 지나치는 사람들이 많다.

 # Transportation

그단스크에서 바르샤바까지 플릭스버스

오전 9시 50분에 그단스크를 출발한 플릭스버스는 5시간을 달려 오후 2시 40분에 바르샤바 터미널에 도착 예정이었으나 바르샤바 외곽에서 시내로 들어오는 도로의 교통 체증으로 1시간이나 늦게 도착했다.

Warszawa

Poland

폴란드의 수도 바르샤바

바르샤바는 폴란드 중서부 비스와강 중류에 위치한다. 1611년 크라쿠프로부터 수도가 옮겨진 이후 여러 차례의 부침을 겪었지만 지금까지 폴란드의 수도로 남아 있다. 1944년 2차 세계대전 막바지에 히틀러는 나치 독일에 대항하기 위해 바르샤바 시민들이 일으킨 봉기에 대한 보복으로 바르샤바를 완전히 파괴하라는 명령을 내렸다. 이에 더해 바르샤바를 점령

하러 온 소련군과의 격렬한 시가전과 폭격으로 도시의 85%가 파괴됐다. '동유럽의 파리'라고 불렸던 바르샤바의 아름다웠던 모습은 종전 후 공산 독재정권의 일률적인 콘크리트 건축물들로 변했을 것이라고 생각했다. 밀린 세탁과 휴식이나 할 생각으로 도착했으나 구시가지를 보고 내 생각이 큰 오해였음을 깨닫게 됐다.

INFORMATION

면적: 517㎢(서울의 약 4/5 정도)

인구: 약 180만 명

대중교통: 트램, 버스, 지하철 20분권 3.4zł, 75분권 4.4zł, 90분권(2존) 7zł, 24시간권 15zł, 72시간권 38zł

바르샤바 구시가지 Warsaw Old Town

2차 세계대전 후 삭막하게 변해버린 바르샤바를 이웃나라 체코의 프라하처럼 옛 명성에 걸맞게 완벽히 복원·재건하기 위해 전국의 장인과 시민이 힘을 모았다. 수십년간 깨지거나 손상된 흔적, 벽돌의 금 하나까지 재현하는 각고의 노력을 기울인 끝에 아름답던 구시가지의 모습을 완벽하게 복원하는 데 성공했다. 마침내 온 국민들의 노력의 결실로 1980년에는 유네스코 세계문화유산으로 등재됐다. 바르샤바 왕궁과 성당을 비롯해 아름다운 구시가지의 건축물뿐만 아니라 피아노의 시인 프레드릭 쇼팽 박물관을 비롯한 많은 명소가 여행자의 발길을 붙잡는다.

바르샤바 구시가지를 둘러싸고 있는 성벽 출입문
바르바칸(Barbakan Warszawski)

14세기에 처음으로 성탑이 세워지고 증개축을 거쳐 바르샤바 왕궁으로 사용됐다. 나폴레옹도 며칠간 머문 적이 있다. 2차 세계대전 중 히틀러의 폭파 명령으로 성 안의 유물과 대리석, 벽난로, 조각 등을 따로 보관했고 이후 복원에 사용해 1984년에야 지금의 모습으로 복원됐다. 지금은 국가 역사 기념물로 국립박물관으로 사용되고 있다.

개관 시간: 10:00~18:00

입장료: 60zł

바르샤바 왕궁 앞의 잠코비 광장

성 십자가 성당 Bazylika Swietego Krzyza, Holy Cross Church

바르샤바 왕궁으로 가는 거리 중간 바르샤바대학 캠퍼스 맞은편에 위치하며 바르샤바에서 손꼽히는 바로크양식 성당 중 하나다. 성당 정문 앞에는 십자가를 지고 있는 예수 그리스도 동상이 있다. 1526년 기존의 작은 목조 성당을 철거하고 수세기에 걸쳐 재건을 거듭해 왔으며 1882년부터 프레드릭 쇼팽의 심장을 보관한 항아리를 성당 기둥에 고정해 놓으며 유명해졌다. 1945년 나치 독일군에 의해 폭파됐으나 2차 세계대전 후 성당 내부 바로크양식의 폴리크롬과 프레스코화가 재건됐고 주 제단은 1972년 복원됐다.

십자가를 지고 있는 그리스도 동상과 쇼팽의 심장이 보관된 기둥

가톨릭 국가답게 구시가지에는
아름다운 성당이 곳곳에 있어 순례자들의 발길을 붙잡는다.
예수회 교회와 성 플로리아노 대성당

독특한 양식의 성 요한 대성당과 대성당 내부

코페르니쿠스 동상
Nicolaus Copernicus Monument

니콜라스 코페르니쿠스(1473~1543)는 크라쿠프 대학을 졸업한 천문학자이자 가톨릭 사제로, 우리가 알고 있다시피 천동설의 오류를 지적하고 지동설을 주장해 천문학의 대변혁을 일으킨 학자다. '코페르니쿠스적 발상의 전환'이라는 말까지 나오게 한 폴란드가 자랑하는 위인 중 한 명이기도 하다. 시내에서 구시가지로 들어가는 입구에 지구의를 들고 있는 코페르니쿠스 동상이 있고 수학여행을 온 듯한 학생들이 동상 앞에서 단체 사진을 찍고 있었다.

프레드릭 쇼팽 박물관 Muzeum Fryderyka Chopina, Fryderyk Chopin Museum

폴란드가 자랑하는 음악가 프레드릭 쇼팽(1810~1849)은 프랑스에서 이주해 온 아버지와 폴란드인 어머니 사이에서 태어났다. 이미 일곱 살 때부터 피아노를 공개 연주해 모차르트와 베토벤에 비교되기도 했다. 전기 낭만파 음악을 대표하는 피아니스트이자 작곡가로 '피아노의 시인'으로 불린다. 런던과 파리 등 유럽 도시로 활발하게 연주 여행을 다니면서 〈즉흥환상곡〉, 〈폴로네즈〉, 〈야상곡〉을 비롯한 수많은 명곡을 남겼지만 1849년 폐결핵으로 프랑스 파리에서 세상을 떠났다. 1954년 설립된 쇼팽 박물관은 쇼팽을 기리는 박물관으로, 쇼팽의 연대기를 비롯해 자필 악보, 연주 여행, 그가 연주했던

피아노, 초상화, 흉상 등 7,500여점의 자료들이 보관돼 있다.
개관 시간: 10:00~18:00
입장료: 35zł

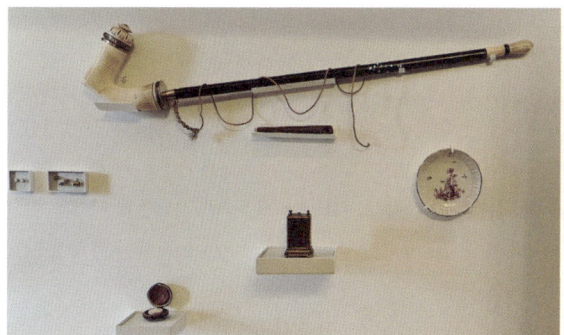

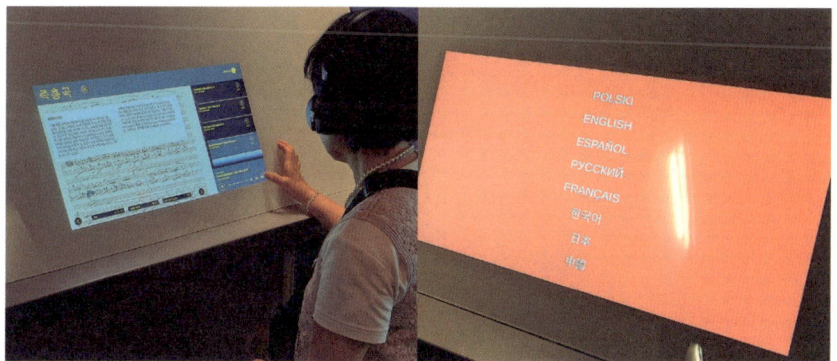

지하 1층에는 쇼팽의 대표곡을 감상할 수 있는 오디오 룸이 있다. 8개 언어 중에 한국어도 당당히 들어 있다.

쇼팽 박물관 뒤쪽 건물 벽에는 〈오징어 게임 3〉 광고가 멀리서도 한눈에 알아볼 수 있도록 크게 걸려 있다. K-문화의 영향력을 다시금 확인할 수 있어 뿌듯한 기분을 숨길 수 없었다.

문화과학궁전 Palac Kultury I Nauki, Palace of Culture and Science

1955년 소련의 스탈린이 폴란드 인민에게 주는 선물로 건설됐다. 모스크바 대학 본관과 흡사한 일명 스탈린 양식의 42층 높이의 마천루다. 이름도 '이오시프 스탈린 기념 문화과학궁전'이었다. 내부에는 극장, 박물관, 서점, 전시장 등이 있다. 바르샤바 시민들은 소련 지배의 상징으로 생각해 부정적이었으나 시간이 지남에 따라 무관심해졌다. 2000년에는 꼭대기 4면에 시계를 설치해 당시에는 세계에서 가장 높은 시계탑으로 꼽히기도 했다. 지금은 모스크바 페더레이션 타워가 기네스북에 올라 있다.

바르샤바 봉기 박물관 Powstanie Warszawskie, Warsaw Uprising

2차 세계대전이 막바지에 이르렀던 1944년 8월 1일부터 10월 2일까지 영국에 있던 폴란드 망명정부는 폴란드 국내에서 레지스탕스 활동을 하고 있던 폴란드 국내군(Armia Krajowa)에게 점령군인 독일군에 대항해 전면적인 봉기를 일으킬 것을 지시했다. 폴란드 망명정부는 동쪽에서 밀고 오는 소련에 앞서 바르샤바를 탈환하지 못한다면 소련에게 점령당할 것을 예견하고 연합군의 일원으로 치열하게 싸웠다. 초기에는 승리를 예상했으나 독일군 무기고 탈취 실패와 보급 부족, 바르샤바 근교까지 진격해 온 소련군의 이유를 알 수 없는 진격 중단으로 많은 폴란드인 및 함께 싸운 유대인이 희생되며 실패하고 말았다. 격노한 히틀러는 다른 점령지에 대한 본보기로 바르샤바를 완전히 파괴해 지도에서 없애버리라고 명령했다. 결국 아름다움을 자랑하던 도시 바르샤바는 폐허가 돼버렸다.

얼마 지나지 않아 진격을 재개한 소련군이 바르샤바를 점령하고 종전 후 폴란드 내 공산주의자들을 앞세워 소련의 위성국가인 폴란드 인민공화국을 세웠다. 영국에 있던 폴란드 망명정부는 소련의 끈질긴 방해로 끝내 연합국 지위를 인정받지 못하고 강대국들의 국제 정치 질서의 희생양이 됐다. 그러나 1989년 폴란드 민주화 운동의 성공으로 폴란드 인민공화국이 해체됐다. 제3공화국인 폴란드 공화국에 와서야 바르샤바 봉기에 대한 역사적 평가가 이루어졌다. 2004년 7월 31일 바르샤바 봉기 60주년을 맞이해 기념 박물관을 개관했고 독일의 슈뢰더 총리가 추모식에 참석해 기념비에 헌화하기도 했다.

폴란드의 현대사는 1945년 미군 OSS(전략정보국) 산하부대에서 훈련받은 대한민국 임시정부 관복군이 연합국의 일원으로 일본에 선전포고를 하고 한반도에 상륙하려다 일본의 항복과 소련의 침공으로 실패한 일과 비슷하다. 소련은 불과 며칠 차이로 일본에 선전포고를 하고 한반도를

침공해 38도 이북에 공산국가를 수립하며 한반도 분단을 야기했다. 언젠가는 폴란드처럼 북한의 민주화도 이루어지리라 기대해 본다.

숙박 | HUSARSKA 60

바르샤바도 3, 4성급 호텔의 숙박비가 만만치
않아 Booking.com에서 평점 9.3의 숙소를 골
라 예약했다. 버스터미널에서 버스로 15분 정
도 걸리고 버스정류장에서 도보로 7분 거리 주
택가에 있는 숙소다. 관리인을 두고 방이 여러
개 있는 주택을 숙박 시설로 임대하는 곳이다.
깔끔한 시설로 공유 주방과 응접실, 야외 마당
등을 갖추고 있고 빵과 커피, 우유 등을 자율적으로 이용할 수 있지만 화장실과 욕실이 공
용인 게 다소 불편하다.

구시가지에는 노천 카페와 레스토랑이 줄지어 있고 가격도 그다지 비싸지 않다. 빵 속을 파내고 수프로 채운
굴래시와 폴란드식 칼국수 로수(Rosol)가 맛있다.

바르샤바의 가볼 만한 다른 곳

- **와지엔키 공원** 바르샤바 시민의 안식처인 울창한 공원
- **리네크 스타레고 미아스타** 상업, 문화, 행정의 중심지인 역사적인 광장
- **빌라노프 궁전** 폴란드의 역사와 문화를 보여주는 유적
- **퀴리 박물관** 세계적인 물리학자이자 화학자인 마리 퀴리 박물관
- **코페르니쿠스 과학관** 재미있게 과학을 만날 수 있는 과학관
- **바르샤바 대학교 캠퍼스** 역사와 전통이 있는 폴란드 대표 대학교

Transportation

바르샤바에서 브로츠와프까지 플릭스버스

2007년 LG가 진출한 이후 많은 한국 기업이 바르샤바를 폴란드의 거점으로 삼고 있어 바르샤바는 폴란드 내에서 한인들이 가장 많은 곳이다. LOT폴란드 항공에서 직항편을 운항하고 있다. 바르샤바에서 오전 9시 14분에 출발한 플릭스버스는 약 5시간을 달려 오후 2시 30분에 브로츠와프 버스터미널에 도착했다. 버스터미널은 특이하게도 브로츠와프의 현대적인 쇼핑센터 브로츨라비아(Wroclavia) 지하에 있다.

버스 요금 1인 33€

Wrocław

난쟁이 동상의 도시 브로츠와프

브로츠와프는 10세기 초 보헤미아의 블라티슬라프 1세에 의해 요새가 건설되며 형성됐다. 도시 이름도 그의 이름을 따서 블라티슬라프로 명명됐으나 990년 폴란드 왕국에 정복되며 폴란드어 이름인 브로츠와프로 바뀌었다.

1290년부터 신성로마제국의 보헤미아 왕국으로 편입되며 한자동맹의 일원이 됐고 합스부르크 왕국의 지배를 받았다. 1742년 오스트리아 왕위 계승 전쟁 이후 유럽의 새로운 강대국으로 부상한 프로이센과 이를 계승한 독일제국의 지배를 받으며 독일어로 블레슬라우로 불렸다.

1945년 2차 세계대전에서 독일이 패망한 후 폴란드 영토를 넓혀서 서유럽과의 완충지대로 활용하고자 한 소련의 강력한 주장으로 600여 년 만에 다시 폴란드로 귀속됐다. 역시 독일에서 귀속된 그단스크처럼 폴란드의 도시들과는 다른 독일풍의 색다른 문화를 느낄 수 있다. 1980년대 공산정권에 대한 저항의 표시로 시내 곳곳에 설치한 다양한 모양의 난쟁이 동상이 유명하다.

면적: 292㎢(서울의 1/2 정도)
인구: 약 67만 명
대중교통: 트램, 버스 1회용 3.4zł, 30분권 3zł, 24시간권 11zł

INFORMATION

구시가지 마켓 광장 Rynek, Market Square

중세 시대인 1214년부터 1232년에 조성돼 지금까지 이어지는 시장 광장으로 유럽에서 가장 큰 시장 광장 중 하나다. 바르샤바를 비롯한 다른 폴란드 도시와는 사뭇 다른 건축물을 볼 수 있다. 아름다운 구시청사 앞에는 크리스마스 마켓을 연상시키는 작은 목조 가게가 늘어서 있어 더욱 아기자기한 모습을 연출한다. 광장 주변의 아름다운 건축물 앞에서 사진을 찍는 관광객들과 각종 기념품을 파는 상인들로 하루 종일 붐빈다.

성당처럼 아름다운 구시청사 건물의 앞모습과 뒷모습

다양한 건축양식의 구시가지 건축물

성당의 섬 Ostrów Tumski, Cathedral Island

구시가지 마켓 광장에서 나와 거리를 걷다 보면 어느덧 브로츠와프 한가운데를 흐르는 오데르 강과 툼스키 다리를 만난다. 다리 난간에는 영원한 사랑을 맹세한 연인들의 열쇠로 가득하다. 다리를 건너면 오데르강 모래톱 위에 형성된 일명 '성당의 섬'으로 불리는 툼스키섬의 산책로와 연결된다. 툼스키섬 안에는 성 요한 대성당을 비롯해 중세 시대의 흔적을 간직한 아름다운 성당과 수도원 등 로마네스크, 고딕, 바로크양식을 보여주는 다양한 건축물을 만날 수 있다. 섬 주변은 다리로 연결돼 있어 강변을 따라 산책하거나 유람선을 타는 사람들도 많다. 저녁에는 가스로 불을 밝히는 전통 방식의 가스등이 고즈넉한 아름다움을 더해준다.

세례자 성 요한 대성당
Archikatedra Sw. Jana Chrzciciela, St. John the Baptist Archcathedral

1272년 최초로 세워진 고딕양식의 성당으로 여러 차례 화재와 전쟁을 거쳤다. 지금의 성당은 네 번째 세워진 성당이다. 2차 세계대전 마지막 날 브레슬라우 공방전과 소련군의 집중 폭격으로 70%가 파괴돼 1951년까지 재건되고 1991년에야 첨탑이 복원됐다. 높이가 98m에 이르는 쌍둥이 첨탑과 성경 속의 이야기를 담은 스테인드글라스를 통해 들어오는 빛이 아름다움을 더해준다. 한쪽 첨탑에는 엘리베이터가 설치돼 있어 올라가면 브로츠와프 시내를 한눈에 내려다볼 수 있다. 1913년 설치된 파이프 오르간은 폴란드에서 가장 큰 오르간이다.

브로츠와프 시내 곳곳에서는
다양한 건축양식으로 지어진 많은 성당을 볼 수 있다.

성 도로레아 성당

성 헨리 성당

성 빈센트와 성 제임스 성당

성 십자가와
성 바르톨로메오 성당 앞에서
바이올린을 연주하고 있는 모습

브로츠와프의 난쟁이 동상 Wrocławskie Krasnale, Wrocław Dwarfs

브로츠와프는 '난쟁이의 도시'라고도 불린다. 과거 공산독재에 대한 저항과 조롱의 상징으로 2001년부터 익살맞은 모습의 작은 난쟁이 동상을 하나둘씩 만들어 설치했기 때문이다. 마치 보물찾기처럼 도시 곳곳에 난쟁이 동상을 설치해놓았다. 여기저기 숨어 있는 600여개의 난쟁이 동상을 찾아보는 재미가 있다. 관광 안내소에서 난쟁이 동상 지도를 받을 수 있고 스마트폰 앱으로도 위치를 찾을 수 있다.

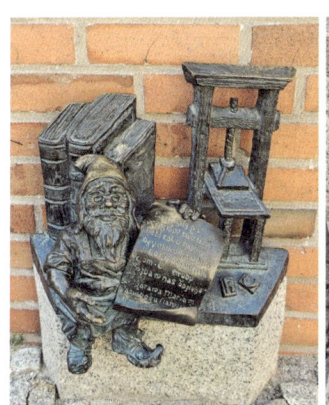

호텔 | Premiere Classe Wrocław Centrum

버스터미널이 있는 브로츨라비아 쇼핑몰에서 도보로 4분 정도 거리에 있는 현대적인 3성급 비즈니스 호텔이다. 딱 필요한 만큼의 시설만 갖추고 있으나 구시가지의 오래된 호텔보다는 깔끔하다. 트램 정류장도 바로 앞에 있고, 무엇보다 쇼핑몰과 가까워 쇼핑은 물론 푸드코트와 마트 등을 쉽게 갈 수 있다. 구시가지까지도 트램으로 10여분이면 갈 수 있어 매우 편리한 위치에 있다.

Transportation

브로츠와프에서 자코파네까지 플릭스버스

오전 9시 50분에 브로츠와프를 출발한 플릭스버스는 3시간 30분을 달려 오후 1시 30분쯤 크라쿠프 버스터미널에 도착했다. 일반적으로는 크라쿠프에 머물며 하루나 이틀 정도 자코파네를 다녀오기도 하지만, 버스터미널에서 간단히 점심을 먹고 오후 3시에 출발해 오후 5시 30분에 자코파네에 도착할 예정이었다. 공교롭게도 주말이라 하염없이 막히며 자코파네 기차역 맞은편 버스터미널에 1시간이나 늦게 도착했다. 크라쿠프-자코파네 구간만큼은 주말이 아니더라도 기차를 이용하는 게 나은 듯하다.

자코파네에서는 찾아가기가 조금 불편하더라도 한적하고 자연 풍광이 멋진 곳에서 머무르고 싶었다. 경치가 좋은 곳을 찾다 보니 터미널에서 시내 버스로 20분 정도 떨어진 포로닌(Poronin) 마을에 있는 숙소를 예약했다. 자코파네 시내버스는 노선번호가 붙어 있는 대형버스도 있지만 노선번호 없이 앞 유리창에 폴란드어로 행선지만 붙인 작은 버스가 많아 구글맵의 주소만으로 찾아가는 건 외국인 여행자에게는 엄청나게 어려운 미션이다. 난수표를 해독하듯 폴란드어로 쓰인 행선지별 버스 시간표와 숙소 주소를 맞춰보고, 말은 잘 통하지는 않지만 주변 사람들에게도 물어보고, 도착하는 버스마다 기사에게 숙소 주소를 보여주기를 몇 차례 반복하다가 드디어 버스를 탔다. 알프스 소녀 하이디가 살 것만 같은 예쁜 마을의 숙소에 도착하니 어느덧 저녁 8시가 다 됐다.

버스 요금 1인 22€

Zakopane

동유럽의 알프스 자코파네

폴란드 남부 타트라 산맥 기슭에 위치해 있는 자코파네는 슬로바키아 국경과도 가깝다. 등산을 비롯해 스키 등 겨울 스포츠를 즐기는 곳이며 아름다운 풍광을 자랑하는 폴란드 최고의 휴양 도시다. '동유럽의 알프스', '폴란드의 겨울 수도'라고 불리기도 한다. 자코파네 스타일로 불리는 독특한 목조 건축은 알프스의 목조 건축과는 또 다른 개성이 돋보인다. 폴란드 제2의 도시 크라쿠프에서 100km 정도 떨어져 있으며 버스나 기차로 약 2시간 소요된다. 1993년과 2001년에 동계 유니버시아드 대회가 개최되기도 했다.

INFORMATION

면적: 84㎢
인구: 약 28,000명
대중교통: 시내버스, 택시

크루푸프키 거리 Krupowki Street

자코파네의 중심 거리로 양쪽에 카페와 전통 레스토랑, 기념품 상점, 옷가게가 줄지어 있고 관광객을 태운 마차도 간간이 지나다닌다.

자코파네 공원 Zakopane Park

버스터미널에서 몇 분만 걸어가면 공원이 나온다. 공원을 지나면 자코파네 중심가인 크루푸프키 거리가 나온다.

다양한 자코파네양식의 목조 건물들

크루푸프키 거리에서 도보로 4분 거리에 있다. 2010년경 완공된 180도 완전히 거꾸로 된 집으로 가구와 생활 집기 등이 천장에 붙어 있어 공중에 매달린 느낌이다. 바닥도 기울어져 있어 중심을 잡기가 쉽지 않다. 사람들의 호기심을 자극하는 면은 있지만 굳이 입장료를 내고 보기에는 콘텐츠가 부족한 부분이 있다. 높은 담장이 건물을 완전히 둘러싸 건물 외관조차 사진에 담을 수 없게 해서 많은 이가 호기심에 왔다가 실망하고 발길을 돌리는 경우가 많다.

개관 시간: 10:00~19:00(금, 토 20:00)
입장료: 19zł

자코파네의 파티마 성모 성지
Sanktuarium Matki Bożej Fatimskiej w Zakopanem, Sanctuary of Our Lady of Fátima in Krzeptówki

1981년 5월 13일 교황 요한 바오로 2세가 성 베드로 광장에서 있었던 암살 시도에서 살아남았는데 이날은 공교롭게도 1917년 파티마의 성모가 처음으로 발현한 날인 '파티마의 성모 기념일'이었다. 그래서 교황은 파티마 성모의 특별한 보호 덕분에 살아났다고 믿게 됐다. 1년 후인 1982년 5월 13일에 교황은 포르투갈의 파티마 성모 성지를 방문해 감사의 기도와 함께 전 세계를 성모께서 보호해 주기를 간청했다. 폴란드의 가톨릭 신자들도 파티마의 성모에게 감사하는 마음으로 이 성지를 세워 1987년 완공해 파티마의 성모께 봉헌했다. 1997년에는 교황 요한 바오로 2세가 방문해 성지를 축성했다.

2000년 5월 그동안 공개되지 않았던 파티마의 성모의 마지막 계시가 "총격으로 쓰러진 흰 옷 차림의 사제(교황 요한 바오로 2세의 암살 기도)"라는 것을 바티칸에서 공개하며 파티마의 성모에 대한 가톨릭 신자들의 신심이 더욱 깊어졌다.

이 성당은 타트라 산맥 지방의 산악 민족인 고랄(Goral)의 독특한 목조 건축양식에 현대적인 성당 건축양식을 더해 화려하지도 않고 소박하지만 다른 곳에서는 볼 수 없는 특별한 모습으로 여러 나라에서 오는 순례자들을 맞이하고 있다. 자코파네 시내에서 버스로는 10분, 도보로는 40분 정도 걸리기 때문에 갈 때는 버스를 타고 가서 성지를 순례하고 돌아올 때는 걸어서 타트라 산맥 기슭의 경치를 둘러보는 것도 좋겠다.

전시된 성지 안내
자료가 이해를
도와준다.

목조로 소박하게
꾸민 성당 내부와
기도하는 순례자들

교황 요한 바오로 2세의 영정과 교황이 사용했던 묵주

기도하는 교황 요한 바오로 2세와
파티마의 성모 발현을 목격한 루치아
(훗날 수녀가 됐다)와 프란치스코

성당 뒤편에 있는 파티마의 성모 발현 조형물과 피에타 조각상

구바우프카 언덕 Gubalowka

자코파네 시내를 한눈에 조망할 수 있는 산으로 시내 중심가에서 푸니쿨라를 타면 5분이면 올라갈 수 있다. 높이는 약 1,120m다. 자코파네 시내 푸니쿨라 정류장 앞에는 전통 시장과 기념품 상점, 레스토랑이 모여 있어 항상 관광객들로 북적인다. 푸니쿨라에서 내리면 저 멀리 타트라 산맥의 봉우리가 병풍처럼 둘러싸고 있는 자코파네의 그림 같은 풍경이 한눈에 펼쳐진다. 여름에는 패러글라이딩, 겨울에는 스키와 썰매를 즐길 수 있고, 어린이들을 위한 놀이 시설도 있다.

푸니쿨라 운행 시간: 09:00~ 20:00(동절기 18:00 마감. 사전 확인 필요)

요금: **왕복** 매표소 45zł, 온라인 35zł

성 사도요한 성당
Parafia Harenda Zakopane, St. John the Evangelist in Zakopane

1717년경 목조 바로크양식으로 자크루프(Zakrzow) 마을에 지어진 성당으로, 자코파네에서 가장 오래된 목조 성당이다. 1840년에 종탑이 만들어졌으나 방치돼 있다가 1948년 이곳 하렌다(Harenda)로 옮겨왔다. 내부는 바로크양식의 벽화와 다채로운 채색화(polychrome)로 장식돼 있다. 천장에는 '천상의 모후 성모마리아' 대관식이 그려져 있다. 지금도 일요일과 축일에는 오전 8시, 오전 11시, 오후 6시에 미사가 거행된다.

숙소 | Michalowa Chata

마을 버스정류장(Poro
nin)에서 4분 거리에 있는
목조 펜션. 1층에는 식당
이 있고 마당 잔디밭에는
바비큐를 할 수 있는 시설
과 목조 벤치 테이블도 있
어서 바비큐 파티를 즐길
수 있다. 도보 5분 거리에
작은 편의점이 있고 식당
도 두세 군데 있지만 대부
분 8시면 문을 닫는다.

숙소가 있는 포로닌 마을

Kraków

Poland

폴란드의 옛 수도 크라쿠프

비스와강가에 있는 폴란드의 제2의 도시 크라쿠프는 1040년부터 1596년까지 약 550여년 동안 폴란드 왕국의 수도였다. 독일군이 크라쿠프에 입성하기 직전에 크라쿠프의 시장이었던 스타니스와프 클리메츠키가 진격해 오는 독일군 사령부에 찾아가 자신이 인질이 될 테니 도시를 파괴하지 말아달라고 설득해 큰 피해를 입지 않았다. 1978년 구시가지 전체가 유네스코 세계문화유산으로 지정됐고 지금까지도 많은 사랑을 받는 폴란드 제1의 관광 도시가 됐다.

구시가지에는 바벨 성을 비롯해 바르바칸, 플로이안 문, 게토영웅광장, 라투슈초바 탑 등 크라쿠프에서만 볼 수 있는 독특한 건축물이 눈길을 사로잡는다. 또한 수많은 유대인의 목숨을 구한 오스카 쉰들러의 공장 박물관과 나치의 잔혹한 홀로코스트 역사를 간직한 아우슈비츠-비르케나우 박물관 등 반드시 가봐야 할 역사적인 장소들이 많다.

INFORMATION

면적: 1,230㎢
인구: 약 278,000명
대중교통: 트램 **20분권** 4zł

바벨 성 Zamek Krolewski na Wawelu, Wawel Royal Castle

비스와강 왼쪽, 높이 228m 바벨 언덕에 요새로 세워졌다. 11세기경부터 16세기에 바르샤바로 수도를 옮길 때까지 폴란드 왕이 살던 왕궁이자 정치, 경제, 문화, 종교의 중심 역할을 했다. 현재의 성은 14세기에 지어진 이후 수세기에 걸쳐 중세, 르네상스, 바로크양식 등으로 확장해 유럽의 거의 모든 건축양식을 엿볼 수 있다. 요새의 오른쪽에 있는 화려한 방들과 보물 전시관, 무기고 등을 관람할 수 있다. 폴란드 최고의 미술관이자 박물관으로도 사용되고 있다. 성벽 위로 올라가면 비스와강과 크라쿠프 구시가지를 한눈에 내려다볼 수 있다.

개관 시간: 09:00~17:00(월 10:00~16:00) 1시간 전 입장 마감

입장료: 입장 장소 옵션에 따라 49~89zł(통합권) 특정 장소는 별도 티켓 구매 필요(Castle Underground 43zł, Crown Treasury(왕실 보물고) 43zł, Royal Garden 9zł, Viewing Platform 19zł, Dragon Den/Tower 9zł)

크라쿠프의 아름다운 풍경들

바벨 대성당 Katedra Wawelska, Wawel Cathedral

바벨 성의 왼쪽에는 폴란드 국왕의 대관식이 거행되었으며 폴란드 왕과 주교, 장군 등 폴란드의 위인이 잠들어 있는 바벨 대성당이 있다. 1000년경에 처음 세워져 14세기에 고딕양식 성당으로 지어졌다. 수세기에 걸쳐 지금의 모습으로 변화했다. 지금도 이곳에서 국가 행사가 열린다. 행사 때는 성당 종탑에 걸려 있는 '지그문트의 종'이 울린다. 1946년 11월 1일 교황 요한 바오로 2세가 이 성당에서 사제 서품을 받았다.

성 플로리안 문
Brama Floriańska, St. Florian's Gate

크라쿠프의 수호성인인 성 플로리안의 이름을 따서
1307년 건설된 문으로, 높이 33m의 석조 탑 모양의
대표적인 중세 성문이다. 맨 위에는 고딕 장식으로 꾸
며진 감시를 위한 망루가 있다. 크라쿠프를 둘러싸고
있는 성벽과 해자의 일부로 원형 요새인 바르바칸과
연결돼 있었으나 성벽은 대부분 사라졌다.

크라쿠프 직물회관 Sukiennice, The Cloth Hall

구시가지 광장 중심에 자리 잡고 있는 대표적인 14세기의 건축물이다. 유럽에서 가장 오래된 중
세 유럽 상인들의 교역 장소 중 하나이다. 직물과 인근 비엘리치카 소금광산에서 나오는 소금 등을
수출하고 동양에서 오는 향신료, 실크, 가죽, 왁스 같은 물품들을 교역하는 곳이었다. 르네상스
양식의 장식과 아치형의 회랑이 아름답고 웅장하다. 지금은 기념품 가게, 상점, 카페, 레스토랑
등이 들어와 있으며 2층에는 크라쿠프 국립 박물관의 폴란드 회화 전시관이 있다.

바르바칸 Barbakan, Barbican(Museum of Krakow)

1498년 오스만제국의 침략에 대비해 만
든 원형 요새로 7개의 감시탑이 있어 성
문을 직접 공격하기 어려운 구조였으나
지금은 성벽 대부분이 사라지고 성벽으로
연결됐던 플로리안 성문만 함께 남아 있
다. 현재 박물관으로 사용되고 있으며 여
름에는 중세 기사들의 대결 같은 중세 역
사를 재현하는 행사가 열린다.

개관 시간: 10:00~18:00(월 휴관)
입장료: 20zł

크라쿠프 시청사 탑 Wieża Ratuszowa, Town Hall Tower

1820년 시가지 광장 개방을 위해 철거된 크라쿠프 구시청사에서 유일하게 남겨진 탑이다. 높이 약 70m의 고딕양식으로 윗부분에 덧붙여진 바로크양식 지붕과 시계, 석조 장식이 돋보인다. 지하에는 중세 시대의 고문실과 감옥이 있고 탑의 꼭대기에서 크라쿠프의 멋진 전경을 내려다볼 수 있다.

개관 시간: 10:00~18:00 (월 10:00~15:00), 1월 1일~3월 7일 휴관
입장료: 20zł

눈가리개를 한 에로스 Eros Bendato

1999년 폴란드의 세계적인 조각가 이고르 미토라이(Igor Mitoraj)가 제작한 청동 조각상이다. 인간의 불완전함, 사랑과 문명의 상처를 상징한다. 눈, 코, 입이 뚫려 있어 동상 안에 들어가 사진을 찍거나 놀기도 한다.

성모 승천 대성당 Bazylika Mariacka, St. Mary's Basilica

13세기에 세워졌고 1347년에 재건된 고딕양식 성당으로 2개의 탑이 서로 다른 모양의 비대칭인 것이 특징이다. 이 성당의 상징은 365일 매시 정각마다 북쪽탑 꼭대기에서 연주되는 '성모 마리아의 나팔 소리(Hejnał mariacki)'라는 나팔곡이다. 13세기 몽골군이 크라쿠프를 침공했을때 나팔로 경보를 울리다가 목에 화살을 맞아 죽은 나팔수를 기리기 위한 곡이다. 그 애절한 곡조는 중간에 화살을 맞은 것을 상징하듯 갑자기 끊어진다. 지금도 매 시각 크라쿠프 소방관이 교대로 연주하고 있으며 정오의 연주는 라디오를 통해 전국에 생중계된다.

성 플로리안 성당 Kościół św. Floriana, St. Florian's Church

1216년 건설된 이후 여러 차례 불타고 재건됐다가 1528년 화재 때는 성 플로리안(물을 나르는 로마 장교로 묘사돼 폴란드 소방관과 굴뚝청소부의 수호성인)의 유물과 함께 살아남았다. 폴란드-스웨덴 전쟁 이후 바로크양식으로 개조돼 오늘에 이르렀다. 전설에 따르면, 1184년 크라쿠프가 폴란드의 수도로서 역할을 재확인 받기 위해서는 폴란드의 수호성인이 필요했다. 그 수호성인으로 모시기로 한 성 플로리안의 유해를 싣고 오던 소가 이곳에서 더 이상 움직이지 않아 이곳에 성인을 기리는 성당을 세웠다고 한다. 1949년부터 1952년까지 교황 요한 바오로 2세가 이 성당에서 신부로서 사목 활동을 하기도 했다.

게토 유대인 영웅 광장 Plac Bohaterow Getta, The Ghetto Heroes Square

2차 세계대전 당시 유대인 집단 거주지인 게토
(Ghetto)의 중심지였다. 1942년부터 1943년에
나치에 의해 폴란드 게토가 정리되면서 강제수
용소로 떠나기 전 유대인들의 집결지였다. 나치
의 끔찍한 만행으로 희생된 유대인들을 추모하
는 공간이다. 68개의 철제 의자가 설치돼 있는
데 이는 사라진 유대인 공동체와 홀로코스트 비
극의 공허함을 상징한다. 광장 주변에 당시 유대

인들의 생활과 나치에 의한 박해와 만행의 역사를 알려주는 안내판이 설치돼 있다.

성 요셉 성당 Kościół św. Józefa, Church of St. Joseph

1909년 건축가 얀 사스 주브지키가 설계해 완공한 네오고딕양식의 성당으로 붉은 벽돌과 흰 석재로 지은 건물이다. 가운데 높이 솟은 첨탑을 비롯해 주위의 첨탑과 조각상의 화려한 아름다움이 강렬한 인상을 준다. 비록 역사는 짧지만 크라쿠프의 많은 성당 중 멀리서도 단연 눈에 띄어서 트램을 타고 무심코 지나가다 발견하고는 찾아간 곳이다. 성당 옆에는 사제관 등 부속 건물과 작은 동산이 조성돼 있고 현대적인 조각상이 설치돼 있다. 특히 성당 첨탑 위의 십자가를 뚫어지게 바라보는 듯한 조각상은 하느님을 향한 인간의 간절한 소망을 보여주는 듯하다.

쉰들러 팩토리 Fabryka Emalia Oskara Schindlera, Oskar Schindler's Enamel Factory

1994년 아카데미상 작품상을 수상했던 유명한 영화 〈쉰들러 리스트〉의 실제 장소다. 2차 세계대전 당시 나치 독일군에게 납품하는 군용 식기 공장을 운영하던 사업가 오스카 쉰들러(1908~1974)는 처음에는 단지 무임금으로 일을 시킬 수 있다는 장점에 유대인들을 고용했던 어느

정도 욕심 많고 이기적인 사업가였다. 어느 날 나치 독일군이 자신의 눈앞에서 유대인 노동자를 즉결 처형하는 끔찍한 장면을 목격하고 엄청난 충격을 받았다. 그 후 자신의 공장에서 일하는 유대인 관리자의 간곡한 호소에 마음이 움직여 유대인들을 하나둘씩 공장의 노동자로 등록시키며 죽음의 아우슈비츠 수용소행에서 구출해 준다. 이곳은 1945년 2차 세계대전이 끝날 때까지 1,100여명의 유대인의 목숨을 구한 오스카 쉰들러의 인류애를 기리는 뜻깊은 곳이다. 공장 건물과 쉰들러의 사무실, 관리자 사무실, 당시 공장에서 생산한 식기 등과 함께 나치 독일의 폴란드 침공 및 유대인 탄압에 대한 사진과 자료가 전시돼 있다. 사전 인터넷 예약이 아니면 아침부터 현장 대기시간이 1시간 이상 걸릴 정도로 방문객이 많다.

개관 시간: 월 10:00~15:00, 화~일 09:00~19:00(첫 화요일 휴관)
입장료: 60zł

쉰들러 팩토리 및 쉰들러 리스트와 관련된 자료보다
나치 독일의 잔혹한 유대인 탄압을 보여주는 전시가 더 많다.

숙소 | Great Polonia Krakow City Center

크라쿠프 터미널(역)에서 도보로 15분, 또는 트램 1정거
장에 도보 10분 거리이며 구시가지까지는 도보로 10분
정도 소요된다. 크라쿠프 시내와 근교의 비엘리치카 소
금광산과 아우슈비츠-비르케나우 박물관에 가기도 편
리한 숙소다. 다만 비대면으로 체크인과 체크아웃이 이
루어져 체크아웃 이후 짐 보관이 어렵다. 여러 곳에 무
인으로 숙박 시설을 운영하는 곳으로 시설은 전용 욕실
을 포함해 매우 깔끔하고 비교적 가성비도 좋다.

폴란드 전통 식당 | Chata Restaurant

숙소와 구시가지 사이에 있는 구글 평점 4.3의 폴란드 전통 음식 레스토랑이다. 목조로 꾸
민 실내가 옛날 분위기를 느끼게 해주고 비교적 착한 가격에 음식도 맛있다.

2인 예산 130z ł

폴란드식 감자전 플라츠키 지엠니아차네(Placki ziemniaczane)와 족발 요리 골롱카(Golonka), 꼬치
샤슬릭(Schaschlik)

Wieliczka Salt Mines

비엘리치카 소금광산

크라쿠프 근교의 비엘리치카 소금광산은 신석기 시대부터 발견돼 13세기부터 소금을 채굴하는 광산으로 개발됐다. 지하 327m의 고염수에서 소금을 생산해 한때 폴란드 왕국 재정의 30%를 감당하기도 했으나 점차 경제성이 없어지면서 1997년 폐광이 됐다. 지금은 수많은 관광객이 방문하는 인기 관광지로 바뀌었다. 광산은 287km의 통로로 이어져 있다. 안전상의 이유로 약 3km 코스를 폴란드어와 영어, 독일어, 스페인어 등 언어별로 설명하는 가이드 투어로만 방문할 수 있다. 380개의 계단을 내려가서 약 2시간 30분 동안 가이드의 설명을 들으며 돌아보는 투어다. 지하 64m 소금 동굴 광장에 만들어진 성 킨가 성당의 소금으로 만든 샹들리에와 소금 벽화 부조로 모사한 〈최후의 만찬〉 등에서 소금광산 광부들의 신앙심과 창의성을 엿볼 수 있다. 지하 동굴의 소금호수에서는 오묘한 자연의 신비함을 느껴진다.

개관 시간: 08:00~16:00
입장료: 폴란드어 가이드 112z ł, 외국어 가이드 156z ł

소금광산으로 들어가는 입구

지하 소금 동굴 성당과 소금 벽화 부조 〈최후의 만찬〉

광산 지하의 소금호수

광산에 전시된 소금 결정체

Auschwitz-Birkenau State Museum

아우슈비츠-비르케나우 박물관

인류 역사상 가장 끔찍했던 범죄 중 하나인 나치 독일의 홀로코스트 현장이다. 독일어 지명 아우슈비츠가 더 익숙한 오시비엥침(Oswiecim)과 그 옆의 비르케나우 수용소는 크라쿠프에서 기차나 버스로 약 1시간이 걸린다. 1940년 아우슈비츠에서 시작된 나치의 유대인 학살은 점차 극에 달했다. 나치는 아우슈비츠에서 3㎞ 떨어진 비르케나우 들판에 철도 지선을 깔고 엄청난 규모의 수용소 건물과 가스실, 화장 시설 등을 건설했다. 그리고 그곳에서 상상을 초월하는 대규모 학살 만행을 저

아우슈비츠-비르케나우 박물관으로 가는 기차역

아우슈비츠 수용소 정문

수용소는 고압 전기 철조망으로 완벽히 차단돼 있다.

질렀다. 아우슈비츠의 상징으로 너무나 잘 알려진 "ARBEIT MACHT FREI(노동이 자유롭게 하리라)"라는 문구가 아치형 정문 위에 세워진 곳이 아우슈비츠다. 당시 기록 사진과 유물이 이곳에 전시돼 있어 가이드를 따라 이동할 때마다 모골이 송연해진다. 참혹하고 끔찍한 상황을 떠올리면 몸서리를 치게 된다.

개관 시간: 07:30~19:00
입장료: 120zł

수용소 중간 추모의 벽에는 항상 추모의 꽃다발이 놓여 있다.

"노동이 자유롭게 하리라"는 문구가 적힌 수용소 입구

15분 간격으로 언어별 가이드 투어가 진행되는데 입구에서 한글판 가이드북(25zł)을 사면 굳이 가이드의 설명이 없어도 순서대로 따라가면서 쉽게 이해가 된다. 사진 자료실과 유품을 전시한 곳을 지나다 보면 너무나 끔찍한 광경에 속이 거북해질 정도로 불편함을 느끼게 된다.

수용소로 끌려오는 유대인 어린이와 부녀자들.
사진 설명에는 "ON THE WAY TO DEATH(죽음으로 가는 길에)"라고 적혀 있다.

가스실에서 쓰고 버린 독가스 깡통

복도에는 절망한 눈빛의 희생자들 사진이 끝없이 걸려 있다.

안경, 구두, 의족, 가방 등 희생자들의 유품이
산더미처럼 쌓여 있다.

수용소 내부

교수형을 집행하던 집단
교수대와 단독 교수대

가스실 입구와 소각장

아우슈비츠 수용소 견학이 끝나면 셔틀버스를 타고 3㎞를 이동해 들판 한가운데에 옆으로 길게 지어진 건물 앞에서 내린다. 건물 한가운데 있는 아치 모양의 문(일명 죽음의 문) 아래로 부설된 철로가 저멀리 수용소 건물이 늘어선 철조망 근처까지 곧게 뻗어 있다. 바로 아우슈비츠를 다룬 다큐멘터리나 영화 등에서 수없이 보았던 황량한 비르케나우 수용소다. 아우슈비츠의 확장판으로 이곳에서만 유대인, 집시, 폴란드인, 소련군 포로 등 약 110만 명이 목숨을 잃었다. 비르케나우 견학을 마치면 다시 셔틀버스로 아우슈비츠로 돌아온다. 버스로 크라쿠프로 돌아오거나 역으로 가 기차로 돌아오면 된다.

유대인들을 짐짝처럼 실어 날랐던 목조 화물열차

수용소 주변은 출입구를 비롯해 고압 전기 철조망으로 둘러싸여 있다.

여러 나라 말로 적힌 희생자 추모비

끔찍한 환경의 수용소 막사와 내부 시설

시설과 건물은 거의 파괴되고 잔해만 흉물스럽게 남아 잔혹했던 역사의 흔적만을 보여준다.

여행을 마치며

   아우슈비츠 방문을 끝으로 거의 한 달 가까운 여행 일정을 마무리했다. 마지막 날 아침, 크라쿠프 요한 바오로 2세 국제공항에서 LOT폴란드항공을 타고 이스탄불을 경유해 인천공항으로 귀국했다. 돌이켜 보건대, 나는 몇 해 전 네 번째 유럽 여행으로 불가리아, 루마니아, 북마케도니아, 알바니아, 몬테네그로, 보스니아헤르체고비나 등 발칸 국가들을 여행하고 나서 다음에는 발트 3국과 폴란드를 여행해 보고 싶다는 막연한 희망을 가졌었다. 그 희망을 이루기 위해 2025년 6월 초 갑자기 일정을 잡았다. 14년 전 첫 번째 유럽 여행인 독일, 오스트리아, 헝가리, 체코의 동유럽 여행과 두 번째인 동부 지중해 크루즈와 이탈리아 일주 기차 여행, 세 번째인 발칸 반도와 이베리아 반도 여행 등을 3주 이상의 일정으로 다녀오면서도 항상 무언가 빠뜨리고 온 것 같은 아쉬움을 느끼곤 했었다. 이번 여행에서도 역시 같은 마음이다. 좀 더 철저하게 준비하지 못한 게으름에 대한 반성과 함께 부족한 역사 지식을 돌아와서야 공부하며 보다 세심한 다음 여행을 위한 밑거름으로 삼아본다.

가고자 하는 나라와 도시에 대한 간단한 역사와 지리 등을 어느 정도 파악해 두면 현지의 문화유산 등을 훨씬 이해하기 쉬워 여행하는 재미가 배가된다. 그저 '피아노의 시인' 쇼팽과 노벨상 수상자 마리 퀴리, 교황 요한 바오로 2세의 고향 정도로만 알고 있었던 폴란드는 한때는 중동부 유럽의 강대국이었다. 하지만 이후 주변 강대국들의 침략과 영토 분할로 나라를 빼앗겼다. 소련의 위성국가에서 폴란드 민주공화국으로 다시 태어난 지금의 폴란드는 러시아의 침략을 최전선에서 맞서는 방패 역할을 하고 있다. 서유럽의 강력한 군사강국으로 거듭난 것이다. 그들의 역사는 고구려 광개토대왕 시절의 번영기, 몽골과 청나라 및 일본의 침략에 의한 한반도 수난기, 북한의 공산화, 1980년대의 민주화 운동 등을 거친 우리 역사와 너무나 닮았다. 폴란드의 재발견이 이번 여행의 가장 큰 소득이자 보람으로 생각된다. 아무쪼록 이 책이 독자 여러분들의 여행 계획 수립과 자유 여행 도전에 도움이 되길 바란다.

발트 3국+폴란드 자유 여행

초판 1쇄 발행 2026년 3월 30일

지은이 박승우
펴낸이 이연숙
펴낸곳 도서출판 덕주
편집주간 안영배
진행 김민영
디자인 ALL contentsgroup

출판신고 제2024-000061호
주소 서울시 종로구 삼일대로 457 1502호(경운동)
전화 02-733-1470
팩스 02-6280-7331
이메일 duckjubooks@naver.com
블로그 blog.naver.com/duckjubooks

ISBN 979-11-993462-5-3   03920